함경남도 삼수지역어의 음운론

함경남도 삼수지역어의 음운론

金 春 子

도서출판 역락

　대학원 과정의 공부를 통하여 저자는 '한국어'는 크고 작은 방언들로 구성되어 있고 한국어의 각 지역의 방언자료들은 한국어 연구를 위한 주요한 자료가 되며 한국어의 여러 가지 언어현상들에 대한 논증에서 가장 확실한 실체적 증거가 된다는 것을 알게 되었다. 한국어의 동남방언, 서남방언, 제주방언, 중부방언, 동북방언, 서북방언 등 여섯 개의 대단위 방언 중, 한국에 분포하는 네 방언은 연구도 많이 되고 자료도 많이 소개되었지만 북한에 분포하는 동북방언과 서북방언은 다만 몇 개 지역에 대한 조사 연구를 통하여 대체적인 특징만이 드러나 있는 실정이다. 특히 지금까지의 함경도 방언에 대한 연구는 주로 함경북도 북부지역 특히 육진지역에 대한 연구에 편중되어 있다. 따라서 함경남도 지역어에 대한 본격적인 조사 연구는 없었다.

　이러한 실정으로부터 출발하여 저자는 함경도 방언의 한 변종에 속하는 함경남도 삼수지역어를 조사 연구함으로써 지금까지 밝혀지지 않았던 함경남도 삼수지역어의 공시 음운론적 특성을 밝히는 것을 학위논문 주제로 잡게 되었고, 그곳의 언어사실을 알기 위해서 그곳과 압록강을 사이 두고 서로 마주보는 지역인 중국 장백조선족자치현 십삼도구에 가서 방언조사를 진행하였다. 그 결과로 2007년 2월 서울대학교 대학원에 제출했던 박사학위 논문이 「함경남도 삼수지역어의 음운론적 연구」이다. 이 책은 그 학위논문을 수정하고 보완한 것이다.

　이 책이 지금까지 연구된 적이 없었던 삼수지역어의 모습을 알리고 그와 함께 동북방언의 연구에 기여할 수 있다면 저자는 그것으로 만족하고자 한다. 아직도 부족한 부분이 많은 연구이다. 앞으로 이 지역어에 대한 보충조사와 확인조사를 더 하여 내용을 보완하고 통시음운론 및 문법론, 어휘론에 대한 전반적이고 종합적인 연구로 확대 발전시켜 나가려고 한다.

비록 졸저이지만 이렇게 책으로 내기까지 많은 분들의 은혜를 입었다. 우선 우리말 낭독 낭송이 좋아서 우리말 라디오 아나운서가 되려는 단순한 생각으로 대학에 입학했던 저자에게 한국어학에 대한 애착을 심어주고 나아가서 유학공부의 길을 선택하도록 해준 중국 연변대학 조문학부의 선생님들께 감사를 드린다. 특히 고 전학석 선생님과 염광호 선생님은 학부공부를 마치고 지속적인 공부를 할 수 있도록 저자에게 꿈을 심어주신 고마운 분들이다.

그리고 철없고 겁 없는 22살 철부지였던 저자를 지도학생으로 받아주신 명지대학교 진태하 교수님께 감사를 드린다. 처음 밟은 한국 땅 낯선 세계에서 모든 것이 서툴기만 했던 저자에게 엄격한 학문지도와 함께 일상 속의 사소한 것까지 세세하게 가르쳐주시면서 낯선 땅에서 빨리 적응하고 살아갈 수 있는 길을 열어주셨다. 그리고 가난한 유학생이었던 저자의 생활고까지도 늘 배려해주셨던 그 따뜻함은 마음속에 항상 고마움으로 남아 있다.

그리고 오늘의 저자를 있게 해주시고, 이 책이 있게 해주신 박사과정지도교수님이신 최명옥 교수님께는 어떻게 감사를 드려야 할지 모르겠다. 명지대학교 석사과정 2학기 때 개설한 음운론 수업으로 선생님을 만나게 된 것이 저자에게는 정말 큰 행운이었다. 선생님을 만나면서 음운론에 관심을 가지고 공부하게 되었고, 선생님의 도움으로 석사학위 논문도 출신지역인 연변 용정지역의 한국어를 자료로 음운론적인 연구를 하게 되었다. 박사과정에 입학한 후, 많이 부족했던 저자를 위해 선생님께서 일대일로 스터디를 해주시면서 언어학의 일반이론으로부터 시작하여 한국어학에 대한 연구의 기초를 잡아주셨고, 방언조사의 일정에 동행할 수 있는 기회도 주셔서 방언조사의 방법까지도 직접 눈으로 보고 배울 수 있게 해주셨다. 선생님을 통하여 학문 연구의 방법과 자세를 배웠을 뿐만 아니라 따뜻하고 너그러운 인간성까지도 함께 배울 수 있었다. 유학기간 내내 교수님은 저자에게 스승이면서 부모님 같은 분이셨다. 선생님의 이런 가르침에 비해 부족한 연구결과를 내놓게 되어서 교수님 뵙기가 항상 부끄러울 따름이다.

그리고 멋진 강의로 넓은 학문의 세계를 보여주셨던 명지대학교 국문과 선생님들과 서울대학교 국문과 선생님들께 깊이 감사드린다. 특별히 이 학위논문을 위해서 많은 조언을 해주시고 큰 도움을 주셨던 송철의 교수님, 곽충구 교수님, 정승철 교수님, 김성규 교수님께 진심으로 감사를 드린다. 교수님들께서 소장하고 계신 귀한 자료들까지 아낌없이 보내주셨고, 또 논문을 읽으시고 꼼꼼하게 지적해주시고 많은 조언과 격려를

해주신 덕분에 이 책이 세상에 나올 수 있게 되었다.

그리고 어려운 형편에서도 선뜻 학비를 마련해주셔서 유학공부의 길을 열어주시고 지금까지도 뒷바라지로 흰머리와 주름살만 늘어가는 부모님, 지금껏 해드린 게 아무것도 없는 이 딸을 항상 자랑스러워하시는 부모님께는 어떻게 감사의 말씀을 드려야 할지 모르겠다. 그저 죄송스러울 뿐이다. 그리고 외롭고 힘든 유학생활 중 남편은 내게 늘 힘이 되고 의지가 되었지만 공부를 핑계로 아내의 도리를 다하지 못한 것이 미안함으로 마음에 남아 있다. 그리고 학생 부부의 신분으로 외국에 나와 있는 관계로 그동안 효도 한번 제대로 못하고 있는 우리를 늘 믿음으로 바라보시고 항상 지원과 지지를 아끼지 않으시는 시부모님께는 감사의 마음과 죄송한 마음을 함께 전해드리고 싶다. 이 책이 모두에게 위로가 되고 기쁨이 되었으면 한다.

끝으로 이 책의 출판을 기꺼이 맡아주신 도서출판 역락의 이대현 사장님과 책을 훌륭하게 만들어주신 권분옥 팀장님과 편집부 여러분께 감사를 드린다.

2008년 5월

金 春 子

| 차 례

제 4 장 음운과정과 음운규칙___99

　이 책에서는 방언형의 표기 방식에 있어서 음성기호(IPA) 표기가 필요할 경우에는 음성기호로 표기하고 그렇지 않을 경우에는 한글 자모로 표기하여 독해의 편의를 도모한다.

　이 책에서 사용된 음소 및 음성 자모는 다음과 같다.

/p/(ㅂ)[p], [b]	/p'/(ㅃ)[p']	/pʰ/(ㅍ)[pʰ]
/t/(ㄷ)[t], [d]	/t'/(ㄸ)[t']	/tʰ/(ㅌ)[tʰ]
/s/(ㅅ)[s]	/s'/(ㅆ)[s']	
/c/(ㅈ)[c]	/c'/(ㅉ)[c']	/cʰ/(ㅊ)[cʰ]
/k/(ㄱ)[k], [g]	/k'/(ㄲ)[k']	/kʰ/(ㅋ)[kʰ]
/m/(ㅁ)[m]	/n/(ㄴ)[n]	/ŋ/(ㅇ)[ŋ]
/l/(ㄹ)[l], [r]	/h/(ㅎ)[h]	/ʔ/(ㆆ)[ʔ]
/j/(jə-u〈여우狐〉에서의 j)[j]	/w/(wən〈원 圓〉에서의 w)[w]	
/i/(ㅣ)[i]	/ɯ/(ㅡ)[ɯ]	/u/(ㅜ)[u]
/e/(ㅔ)[e]	/ə/(ㅓ)[ə]	/o/(ㅗ)[o]
/ɛ/(ㅐ)[ɛ]	/a/(ㅏ)[a]	

본고에서 사용된 기호나 약호는 다음과 같다.

/ /	음소표시
[ ]	음성표시
:	장음
] 또는 [	형태소범주
'	해당 음절 모음 뒤에 표시되어 고조(H)를 나타냄. 표시없는 것 저조(L). 예 : [마리](HL)(言)
>	통시적 변화.　예 : a > b (a는 b로 변한다.)
→	공시적 변동.　예 : a → b (a는 b로 교체된다.)
A → B / X_Y	X와 Y 사이에서 A는 B로 된다.
A → ø / X_Y	X와 Y 사이에서 A는 탈락된다.
ø → A / X_Y	X와 Y 사이에서 A가 삽입된다.
A(B)C	ABC와 AC
A{B,C}D	ABD 또는 ACD
~	비음(鼻音)
X, Y	변수
N	명사
Vst	동사어간
C	자음소
V	모음소

제1장

서 론

1.1. 연구의 목적과 의의

이 책은 중국 길림성 장백조선족자치현 십삼도구(삼수골)의 조선족들이 사용하고 있는 한국어(조선어, 앞으로 '이 지역어'라고 칭한다)를 대상으로 공시음운론적인 연구를 행함을 목적으로 한다.

장백조선족자치현은 연변조선족자치주 다음으로 큰 중국 조선족의 집거지구로서 이주초기인 1913년까지만 해도 조선족 인구가 전체 인구의 85% 정도를 차지했었다고 한다(傳日升 1993 : 79). 현재는 한족(漢族)의 수가 늘어나서 조선족 인구(약 1.45만 명)가 전체 인구의 16.7% 정도를 차지하는데 그치고 있으나(李權洙 2002 : 1) 아직도 장백현에는 조선족 집단거주 마을이 많이 남아있다. 장백현은 길림성 동남부에 해당하는 지역으로서 백두산 남쪽 기슭, 압록강 오른쪽 강안에 위치하며 압록강을 사이에 두고 북한 함경남도(양강도)의 혜산시, 삼지연군, 보천군, 삼수군, 신파군(김정숙군), 후창군(김형직군) 등과 마주하고 있다.

　　이 책을 위한 조사지역은 장백현 십삼도구라고 하는 마을인데(지도 참조), 주민 대부분이 19세기 초·중반부터 함경남도 삼수지역에서 이곳으로 이주하여 정착한 사람들이거나 그 후예들이다. 그리하여 이 마을 이름도 중국에서 중국어로 행정구역 명칭을 명명하기 전에는 삼시골(삼수골)이었다고 한다. 지금도 연세 드신 분들은 '삼시골'이라 부르고 있다. 또한 해방초기까지만 하여도 장백 지역의 조선족과 장백에 인접한 북한 지역의 사람들은 자유롭게 왕래하였다고 하며,1) 지금도 '도강증'이라고 하는 통행증만 떼면 쉽게 북한과 장백을 오갈 수 있다. 이렇게 고국의 원 거주지를 기반으로 하여 같은 이주민들이 한 마을에 함께 정착하여 거주하고, 원 거주지와 자유롭게 왕래함으로써 원 거주지의 방언을 그대로 유지하여 쓰고 있다. 따라서 이 지역의 한국어는 함경남도 삼수 방언에 바탕을 두게 된다. 이 책의 제목을 '함경남도 삼수지역어의 음운론'이라고 붙인 것은 바로 그러한 이유 때문이다.

　　지금까지의 함경도 방언에 대한 연구는 주로 함경북도 북부지역 특히 육진지역에 대한 연구에 편중되어 있다. 따라서 함경남도 삼수지역어에 대한 본격적인 연구는 없었다. 그렇기 때문에 이 책은, 함경도 방언의 한 변종(variety)에 속하는 이 지역 한국어를 조사 연구함으로써 지금까지 밝혀지지 않았던 함경남도 삼수지역어의 공시음운론적 특성을 보여줄 수 있다는 점에서 그 의의를 가질 수 있을 것이다. 그와 함께 이 지역어에 대한 연구는 동북방언의 연구에 기여할 것이며 중국 조선족의 언어를 구체적으로 드러내 보이고 체계적으로 연구하는 데에 도움을 줄 수 있다는 점에서도 그 의의를 가질 수 있을 것이다.

---

1) 傳日升(1993 : 83)에 의하면 1930년대 말 40년대 초에 장백에 통화성립국민학교가 있었는데 이 학교에는 북한의 혜산 삼수, 갑산 등 지역의 학생들도 다녔다고 한다. 그리고 제보자 할머니의 말씀에 의하면 해방 전까지 북한쪽에 큰 장이 서는 날이면 삼수골 사람들은 압록강을 건너 장에 가서 물건들을 사고팔았다고 한다.

1.2. 연구사

　앞에서 언급한 바와 같이 함경도 방언에 대한 기존의 조사연구는 함경북도 방언에 편중되어 있어서 순수하게 함경남도 방언을 대상으로 한 연구는 별로 없다. 대개 함경도 방언 전체의 특징을 언급하면서 함경남도 방언을 언급하곤 하였을 뿐이다. 따라서 삼수지역어에 대한 본격적인 연구가 없었음은 물론이다. 그렇기 때문에 여기에서는 이 지역어의 기층이 되는 함경도 방언에 대한 연구사를 기술하고자 한다. 지금까지 이루어진 함경도 방언에 대한 연구사를 개관하면 다음과 같다.

　육진방언 또는 동북방언의 방언특징을 드러내 보이려는 목적이나 언어지리적 측면에서 연구된 논저들에서 대부분 육진방언을 포함한 함경도 방언 전체의 특징이 언급되고 있다. 그 최초의 연구는 小倉進平(1927)이다. 이 책은 동북방언의 방언적 특징을 소개한 최초의 조사 보고서이다. 이 책은 'ᄋ'의 변화와 관련하여 순자음 아래의 'ᄋ>오'의 원순음소화 현상이 존재한다는 점, 어중에 중부방언의 'ø'에 대응하여 'ㅂ'이나 'ㄱ'을 가진 단어가 이 지역에 분포한다는 점 등과 같은 음운사적인 주제와 어법상의 문제를 두고 함경남북도 각 지역을 조사한 보고서 성격의 글로서, 여기에서는 함경남북도 각 지역의 일부 특수한 음운사에 관련된 현상을 살필 수 있으며, 또 서법이나 청자경어법과 관련된 종결어미를 살필 수 있다. 이 책은 함경도 전 지역어를 조감한 것으로서 이 지역어에 대한 체계적인 연구는 아니다.

　그리고 김병제(1965, 1975), 한영순(1967), 김영황(1982)는 조선어 방언학에 대해 논의하였으며 함경도 방언의 방언적 특징에 대해서는 단편적으로 언급하고 있다. 정용호(1988)은 함경도 방언의 음운, 형태, 문법적 특징을 광범위하게 조사 연구한 것이다. 그러나 음운에서는 모음체계와 몇몇 음운사적인 현상을 북한의 표준어인 문화어와 비교하면서 단편적으로 언급하고 있을 뿐 체계와 음운현상을 유기적으로 관련지은 체계적인 연구는 아니다. 여기에서도 음운사적인 내용에 대해 주로 다루었을 뿐 형태소 경계에서 일어나는 공시적인 음운과정에 대해서는 논의를 하고 있지 않다.

그리고 중국의 趙習·宣德五(1986), 남한의 김태균(1982, 1983, 1985)가 있는데 趙習·宣德五(1986)에서는 육진방언의 형태소 내부의 음운특징에 대해 언급하고 있으며, 남한의 김태균(1982, 1983, 1985) 역시 함북방언의 음운사적인 내용과 어휘적 특징을 연구하고 있다.

그리고 구조언어학과 변형생성문법을 배경으로 하여 함경도 방언을 연구한 것으로 전학석(1991), 곽충구(1991)과 최명옥(2000), 최명옥·곽충구·배주채·전학석(2002), 채옥자(2002), 소신애(2002) 등이 있다. 이들은 모두 함경북도 북부 지역어를 대상으로 하여 음운, 문법, 어휘에 대해 기술하고 있다.

그리고 함경남도 지역어에 대한 연구로 Ramsey(1974, 1978)과 李氣銅(1993)이 있는데, Ramsey(1974, 1978)은 주로 함경남도 북청지역어의 성조 및 그 성조를 경상도 방언의 성조와 비교하여 논의하였으며, 李氣銅(1993)은 북청지역어를 대상으로 주로 형태소 내부에서와 합성에서 일어나는 음운현상에 대해 논의하였으며, 통시적인 음운현상과 공시적인 음운현상을 구분하지 않고 함께 다루었다.

1.3. 연구 대상

지역어는 '언어학적인 의미에서, 한 언어가 내적이거나 외적인 변화에 의하여 공간적으로, 시간적으로, 계층적으로 분화되었을 때에, 그 공간, 그

시간, 그 계층의 언어 체계의 총칭'이다(최명옥 1990 : 667). 이러한 지역어에 대한 개념을 바탕에 깔고서 이 책은 생성음운론 중에서도 구체 음운론의 방법을 수용하여 삼수지역어를 기술하고자 하는데, 기존의 지역어에 대한 공시음운론적인 연구들을 모델로 하여 논의를 진행할 것이다.

이 책에서는 기존의 연구방법을 따라, 음운목록을 작성하고 어간과 어미가 통합할 때의 음운과정에 대해 분석한다. 먼저 조사자료를 분석 정리하여 음운목록을 작성한 다음, 음운과정에 대해 분석하기 위해서는 우선 어간과 어미의 기저형이 설정되어야 하므로, 어간과 어미의 기저형을 찾고, 그다음 기저형으로부터 음성형이 도출되는 음운과정과 그 음운과정을 지배하는 음운규칙을 밝힌다.

이 책에서 조사 대상으로 삼은 지역은 압록강 상류에 있는 중국 길림성 장백조선족자치현의 십삼도구(삼수골)이다. 삼수골은 압록강을 사이 두고 북한의 삼수군과 마주하고 있다. 이 지역에는 1900년대 초·중반부터 압록강을 사이에 두고 있는 북한의 삼수지역으로부터 이주해온 사람들과 그 후손들이 집단거주하고 있다. 따라서 이 조사 지역의 화자들이 말하는 한국어는 삼수지역어라고 할 수 있다. 물론 이주 이후 서로 다른 정치, 사회, 문화 환경으로 말미암아 약간의 차이를 보일 수 있을 것으로 생각되나 그것은 사회방언 정도의 차이에 불과할 것으로 생각된다.

이 지역을 조사 대상 지점으로 삼은 이유는 북한쪽으로 건너가서 조사하기 어렵고, 또한 이 지역은 삼수지역에서 이주해 온 사람들이 함께 정착하여 거주하고 있기 때문에 삼수지역어를 전형적으로 보존하고 있기 때문이다.

이 책을 위한 자료는 2005년 1월 9일부터 2005년 1월 24일까지와, 2006년 12월 12일부터 12월 21일까지 두 차례에 걸쳐 장백현 삼수골에서 조사 수집한 것이다. 제보자는 60세 이상의 노인층에서 선정하였으며 모두 삼수 출신들이며 이 지역에서 사용되고 있는 전형적인 한국어의 양상을 잘 표현할 수 있는 화자들이다. 제보자는 다음과 같다.

이 름	성별	생 년	출생지	거 주 경 력	학력	직업	비고
최옥순	여	1921년 생	장백 삼수골	부모 삼수군 생	무학	농민	주제보자
김××	여	1946년 생	북한 삼수군	3대 거주	초졸	농민	보조 제보자
정승호	남	1940년 생	장백 삼수골	조부모 삼수군 : 부모 삼수골 생	고졸	공무원	보조 제보자

이 중 주요 제보자는 최옥순 할머니이고 기타 제보자는 보조 제보자로 삼았다. 주제보자로 삼은 최옥순 할머니는 함경남도 삼수에서 이주한 가정에서 출생한 사람으로 줄곧 삼수골에서 생활하여 온 분이다. 주제보자의 부모와 조부모는 모두 북한 삼수군 출신으로 조부모님 대에 삼수골로 이주하였으며, 남편은 북한 삼수군에서 태어나서 중국으로 이주한 분이였다고 한다. 주제보자는 전통적인 방언을 구사하고 계셨으며, 연세가 많음에도 불구하고 목소리도 크고 기억력도 좋으시고 인정도 많고 언어에 대한 감각도 좋고 질문에 대한 민첩성도 우수해서 짧은 시간에 좋은 정보를 많이 얻을 수 있었다.

그리고 부제보자인 김××[2] 씨는 현재 북한 삼수군 ××리에 거주하고 있는 분으로서 2차 조사 때 장백 삼수골로 친지 방문을 나와 계셔서 만났던 분이다. 제보자가 구사하는 말은 주제보자의 말과 거의 같았으며, 문화어의 영향을 받아 일부 어휘에 대해서는 표준어로 발화하는 것을 관찰할 수 있었다. 예를 들면 '감자'를 주제보자는 항상 '감지'라고 하는 반면 부제보자는 '감자'로 발음하였다. 제보자 본인도 '(주제보자) 아마이의 발화가 사투리가 많습메.'라고 하였으며 '고향의 연세 드신 아마이너는 (주제보자) 아마이처럼 사투리를 많이 씀메.'라고 하였다.

---

2) 제보자의 인적사항에 대해서는 본명을 밝히는 것이 원칙이지만 사생활 보호 및 개인 신변 안전을 위해 익명으로 하였다.

또 다른 부제보자 정승호 씨는 주제보자의 아들이며 고등학교를 졸업하고 공무원으로 계시다가 퇴직하신 분이다. 학교 교육을 받았고 사업경력도 있어서 발화 중 중국어 어휘를 함께 사용하였고 교육 및 방송매체의 영향으로 공식적인 발화에서는 표준어를 사용하기도 하였다. 하지만 일부 어원적인 문제나 또는 조음위치 등과 같은 언어학적인 부분의 질문에 대해서 정확하게 해답을 주었다.

이 책의 조사 지역은 다음의 지도를 참고할 수 있다.

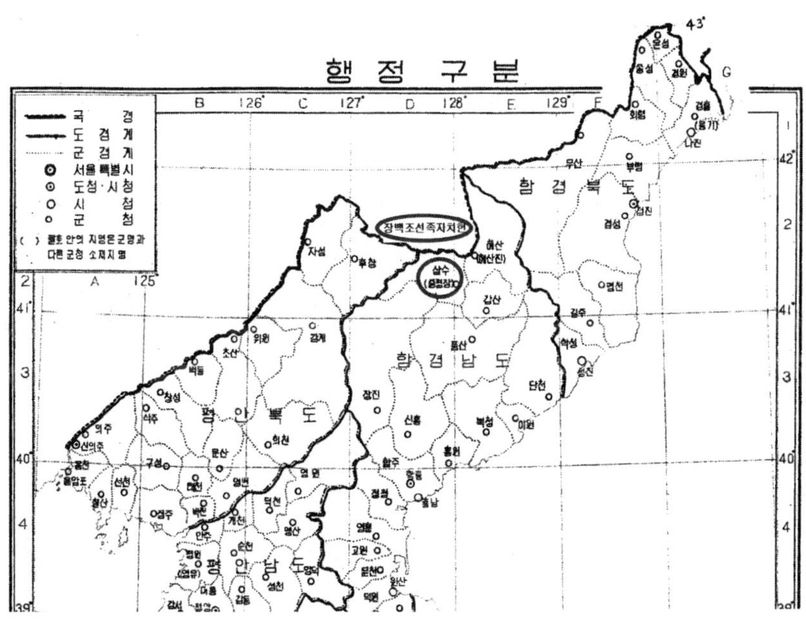

〈지도 : 장백현 및 삼수군 지도〉

그리고 이 책에서 논의될 내용은 다음과 같다. 1장과 5장은 각각 서론과 결론이다. 2장에서는 현지 조사 자료에 근거하여 이 지역어의 음운목록 즉 음소목록과 운소목록에 대해 논의한다. 음소목록은 크게 자음소목록, 유음소목록, 활음소목록, 모음소목록으로 나누어 제시하며, 운소목록에서는 성조에 대해 간단히 논의한다. 3장에서는 이 지역어의 어미와 어간의 기저형에 대하여 논의한다. 즉 이 지역어에 사용되는 곡용 및 활용의 어미와 어간의 기저형에 대해 단일기저형과 복합기저형으로 나누어 고찰한다. 4장에서는 3장에서 논의된 곡용과 활용의 어간과 어미의 기저형을 토대로 어간과 어미가 통합할 때 실현되는 음운과정에 대해 교체, 탈락, 삽입, 축약의 순서로 논의하고, 그 음운과정에 관여하는 음운규칙에 대하여 논의한다.

제2장

음운목록

이 장에서는 이 지역어의 음운목록에 대하여 논의한다. 음운목록은
음소목록과 운소목록으로 나누어 논의한다.

2.1. 음소목록

여기에서는 이 지역어의 음소목록에 대하여 논의한다. 음소목록은 자
음소목록, 유음소목록, 활음소목록과 모음소목록으로 나누어 논의한다.[3]

2.1.1. 자음소목록

이 지역어에는 /ㅂ(p)/, /ㅃ(p')/, /ㅍ(pʰ)/, /ㄷ(t)/, /ㄸ(t')/, /ㅌ(tʰ)/, /ㅅ(s)/, /ㅆ(s')/,
/ㅈ(c)/, /ㅉ(c')/, /ㅊ(cʰ)/, /ㄱ(k)/, /ㄲ(k')/, /ㅋ(kʰ)/, /ㅁ(m)/, /ㄴ(n)/, /ㅇ(ŋ)/, /ㅎ(ʔ)/,

---

3) 본고에서는 최명옥(2004 : 28)에 따라 혼동을 피하기 위하여 음성에 대해서는 '파열음,
　연구개음, 고모음' 등으로 부르고 음소에 대해서는 음성명칭에 접미사 '소(素)'를 붙여서
　'파열음소, 연구개음소, 고모음소' 등과 같이 부르기로 한다.

/ㅎ(h)/ 등 19개의 순수자음소가 있다. 이들은 다음과 같은 최소대립쌍을 통하여 확인할 수 있다.

    (1) 불ʹ(火) : 풀ʹ(草) : 물ʹ(水)
        팔ʹ구(賣) : 빨ʹ구(吮)
        달ʹ(月) : 딸ʹ(女兒) : 탈ʹ(假面) : 날ʹ(日)
        살ʹ(肉) : 쌀ʹ(米)
        지ʹ구(負) : 찌ʹ구(蒸) : 치ʹ구(打)
        기ʹ구(爬) : 끼ʹ구(着)(장갑)
        끄ʹ구(滅) : 크ʹ구(大)
        날ʹ(日) : 말ʹ(言) : 알ʹ(卵)
        놈ʹ(敵) : 논ʹ(田) : 농ʹ(籠)
        짛ʹ-(作) : 짖ʹ-(吠)

위에 제시된 자음소의 음소목록에 있어서, 자음소 중 후두폐쇄음 'ㆆ(ʔ)'의 설정과 'ㄷ, ㄸ, ㅌ, ㅅ, ㅆ'와 'ㅈ, ㅉ, ㅊ'의 음가에 대해서 추가로 서술하면 다음과 같다.

후두폐쇄음 'ㆆ'은 표준어 동사 어간 '붓-(注), 싣-(載)'과 어미 '-고, -더라, -으면, -어도'에 대한 이 지역어의 동사 어간과 어미 '-구, -더라, -으무, -어두'가 통합할 때에 실현되는 (2)와 같은 음성형의 분석을 통해서 그 존재가 확인된다.

    (2) a. [북꾸ʹ, 붇떠ʹ라, 부우ʹ무, 부어ʹ두] (붓-, 注)
         b. [실ʹ꾸, 실ʹ떠라, 시르ʹ무, 시러ʹ두] (싣-, 載)

(2)에서 동사 어간과 통합하는 어미초의 'ㄱ'와 'ㄷ'가 경음으로 실현되고 있다는 사실은 이 지역어의 해당 동사 어간이 순수자음소로 끝난다는 것을 말해준다. [막꾸ʹ, 막떠ʹ라](막-, 防)에서 보듯이, 어간이 순수자음소로 끝나는 경우에는 어미초의 'ㄱ'나 'ㄷ'는 경음으로 실현되지만, [가구ʹ, 가더ʹ라](가-, 去)나 [울ʹ구, 울ʹ더라](울-, 泣)에서 보듯이, 어간이

모음소나 유음소로 끝나는 경우에는 통합하는 어미초의 'ㄱ'나 'ㄷ'는 경음으로 실현되지 않기 때문이다.

그런데 (2)에서 모음소로 시작하는 어미와 통합하는 음성형을 보면, 어간 말의 순수자음소가 탈락된다는 것을 말해준다. 한국어에서 모음소로 시작하는 어미와 통합할 때에 탈락하는 순수자음소는 'ㅎ'뿐이다. (2)의 동사가 어간말 자음소로 'ㅎ'를 가진다고 하면, 통합하는 어미의 첫 음소 'ㄱ'나 'ㄷ'가 유기음 'ㅋ'나 'ㅌ'로 실현되어야 한다. 그러나 실제로 실현되는 것은 경음 'ㄲ'나 'ㄸ'이므로, 그들 동사의 어간말 자음소는 'ㅎ'가 될 수 없다. 'ㅎ' 이외의 자음소로서, 모음소로 시작하는 어미와 통합할 때에 탈락될 수 있는 자음소는 'ㅎ'와 같은 조음위치에서 조음되는 후두폐쇄음소 'ㆆ'이라야 한다. 그러므로 (2a)와 (2b)의 동사 어간은 각각 '붛-'과 '싫-'로 표시된다.

다음으로 지적될 수 있는 것은 이 지역어의 'ㄷ, ㄸ, ㅌ, ㅅ, ㅆ'와 'ㅈ, ㅉ, ㅊ'의 음가에 대한 것이다. 현대 한국어의 방언 중 중부방언, 동남방언, 서남방언, 제주방언에서 이들 음소의 음가는 각각 치조음과 경구개음이다. 그런데 이 지역어에서 이들 음소의 음가는 육진지역어, 서북방언과 마찬가지로 각각 치음과 치조음이다. 그렇기 때문에 이 지역어에서는 '즐-(질-, 泥), 어쯔낙(엊저녁)'에서와 같이, 'ㅅ, ㅆ, ㅈ, ㅉ, ㅊ' 뒤에서의 '으'의 전설 고모음소화가 일어나지 않았다.

그렇지만 이 지역어에서 구개음소화가 형태소 경계에서는 일어나지 않았지만 형태소 내부에서는 일어났다. 예를 들면, '티-(打), 띠-(蒸)'와 부정의 연결어미 '-디(않다)' 등은 '치-(打), 찌-(蒸), -지(않다)'와 같이 구개음소화가 일어났지만, 'ㄷ, ㅌ, ㄸ'로 끝나는 곡용어간과 주격어미 /-이/가 결합하는 경우에는 '/밭ㅣ이/→[바티ʹ](밭, 田)'에서와 같이 구개음소화가 일어나지 않는다. 그리고 '쟈랑>자랑'에서와 같이 'ㅈ, ㅉ, ㅊ' 뒤에서의 j도 모두 탈락되었다. 'ㅈ, ㅉ, ㅊ'가 치조음으로 남아 있는데도 불구하고 이러한 현상들이 나타나는 이유에 대해서는 더 관찰할 필요가 있으며, 이에 대해서는 후고로 미루기로 한다.

2.1.2. 유음소목록

이 지역어에는 하나의 유음소 /ㄹ(l)/가 있다.[4] /ㄹ/은 (3)의 최소대립쌍
을 통하여 확인된다.

    (3) 발′(足) : 밤′(夜) : 방′(房)

/ㄹ/는 일반적으로 외래어를 제외한 경우에는 어두에서 실현되지 않는
다. 조사과정에서 주제보자의 발화에서는 어두에 '르'가 분포되는 경우
가 없었지만, 부제보자들의 발화 중에서는 '로동, 론문' 등과 같은 일부
어휘들에서 어두에 '르'가 발음되는 것을 관찰할 수 있었다. 이는 교육
에 의한 영향인 것으로 판단된다.

    위의 순수자음소와 유음소를 조음위치와 조음방법에 따라 분류하면
다음과 같다.

〈 삼수지역어의 자음소와 유음소 〉

조음위치 \ 조음방식		양순음소	치음소	치조음소	연구개음소	후음소
파열음소	평음소	ㅂ(p)	ㄷ(t)		ㄱ(k)	ㅎ(ʔ)
	경음소	ㅃ(p')	ㄸ(t')		ㄲ(k')	
	격음소	ㅍ(p^h)	ㅌ(t^h)		ㅋ(k^h)	
마찰음소	평음소		ㅅ(s)			ㅎ(h)
	경음소		ㅆ(s')			
	격음소					
파찰음소	평음소			ㅈ(c)		
	경음소			ㅉ(c')		
	격음소			ㅊ(c^h)		
비음소		ㅁ(m)	ㄴ(n)		ㅇ(ŋ)	
유음소			ㄹ(l)			

---

4) 종래에 유음소 /ㄹ/를 일반적으로 자음소에 포함시켰으나 이 책에서는 /ㄹ/가 자음소적인
성질과 모음소적인 성질을 모두 가지고 있기 때문에, 또한 그로 인하여 음운과정에서 순
수자음소와는 다르게 작용하기 때문에 자음소에서 분리하여 서술한다.

2.1.3. 활음소목록

이 지역어에는 두 개의 활음소 /j(j)/, /w(w)/가 있다. 이들 활음소는 (4)
의 최소대립쌍을 통하여 확인된다.

    (4) 언′다(凍) : 연′다(開)
        간′(肝) : 관′(棺)
        양′(羊) : 왕′(王)

이들 활음소를 혀의 위치와 입술모양에 따라 분류하면 다음과 같다.

〈삼수지역어의 활음소〉

입술모양 ＼ 혀의 위치	전 설	후 설
평 순	j	
원 순		w

2.1.4. 모음소목록

모음소목록은 단모음소목록과 이중모음소목록으로 나누어 논의한다.

2.1.4.1. 단모음소목록

이 지역어의 단모음소로는 3개의 전설모음소와 5개의 후설모음소로
구성되는 /ㅣ(i)/, /ㅔ(e)/, /ㅐ(ɛ)/, /ㅡ(ɯ)/, /ㅓ(ə)/, /ㅜ(u)/, /ㅗ(o)/, /ㅏ(a)/ 등 8
모음소가 있다. 이들도 역시 최소대립쌍을 통하여 확인할 수 있다.

    (5) 길′(路) : 글′(文)
        개′(犬) : 게′(蟹)

때´(時) : 떼´(群)
걸´(柶) : 글´(文)
꿀´(蜜) : 꼴´(形)
밤´(夜) : 봄´(春)
던´다(減) : 돈´다(旋)
느´오(稀) : 누´오(尿)

(5)에서 보다시피, 이 지역어에서는 일부 지역에서 구분이 되지 않는 '一'와 'ㅓ', 'ㅐ'와 'ㅔ'의 구분이 명확하게 나타나고 있다. 즉 명확한 변별적 기능을 가지고 있다. 그리고 'ㅚ', 'ㅟ'는 '[wesamc^{h}u'i](외삼촌)'와 '[kwit'i](귀)'에서와 같이 각각 [we], [wi]의 이중모음으로 발음된다.

이들 단모음소를 혀의 위치와 높낮이, 입술모양에 따라 분류하면 다음과 같다.

〈삼수지역어의 단모음소〉

혀 위치 입술모양 혀 높이	전설모음소		후설모음소	
	평순모음소	원순모음소	평순모음소	원순모음소
고모음소	ㅣ(i)		一(ɯ)	ㅜ(u)
중모음소	ㅔ(e)		ㅓ(ə)	ㅗ(o)
저모음소	ㅐ(ɛ)		ㅏ(a)	

2.1.4.2. 이중모음소목록

앞에서 보았듯이 이 지역어의 활음소로는 다른 방언들과 마찬가지로 /j/와 /w/가 있다. 따라서 이중모음소는 j계 이중모음소와 w계 이중모음소로 나눌 수 있는데 j계 이중모음소로는 /ㅖ(je)/, /ㅒ(jɛ)/, /ㅕ(jə)/, /ㅠ(ju)/,

/ㅛ(jo)/, /ㅑ(ja)/가 있고 w계 이중모음소로는 /ㅟ(wi)/, /ㅞ(we)/, /ㅙ(wɛ)/, /ㅝ(wə)/, /ㅘ(wa)/가 있다. 여기에서 보면, 이 지역어에서 단모음소에서 '애'와 '에'의 구분이 명확함에 따라, 이중모음소 '애(jɛ)'와 '예(je)', '왜(wɛ)'와 '웨(we)'의 구분도 명확한 것을 알 수 있다. 이러한 사실은 '[jɛ´gi](이야기), [je´nnal](옛날)', '[wɛ´nɯm](왜놈), [wegu´k](외국)'에서 확인된다.

(6)
a. 예모(礼儀), 예단(禮緞), 옘말(舊談), 얘기(話), 여러(諸), 야듦(八), 약(藥), 양(羊), 유리(琉璃), 유끼(柶), 요(褥), 용(龍), 위(胃), 웬일(何事), 왜늠(倭), 원망(怨), 왕(王)
b. 물껼(浪), 교장(校長), 교통(交通), 귀띠(耳), 쉬(蠅), 쉐통(鎖), 궤짝(櫃), 훼방(妨), 괘씸하다(忿), 꿘투(拳鬪), 활(弓), 화장(化粧), 과학(科學)
c. 게혹(計劃), 히다(白), 벨(星), 뻬(骨)

(6a~c)에서 보듯이, 이 지역어에서 이중모음은 선행자음을 가지지 않을 때 분명히 드러나며 선행자음을 가질 때에는 일부 자음 뒤에서 존재하며, 일부 자음 뒤에서는 이중모음이 단모음으로 된다.

2.2. 운소목록

국어에 존재하는 운소로는 음장과 성조가 있다. 이들은 방언에 따라 상보적으로 분포한다. 이 지역어는 운소로서 성조를 가진다. 이 지역어의 성조소목록은 고조소와 저조소로 구성된다. 이 지역어의 성조소는, 최명옥(1998a : 49~50)에서 논의된 바와 같이, 그 기능이 동남방언과 대조적이다. 좀 더 구체적으로 서술하면, 동남방언에서 '고조소'와 '저조소'를 넘나드는 '고조소'는 이 지역어에서 '저조소'를 가지며, 동남방언 중

경남방언에서 '저조소'를 가지고 경북방언에서 '상성조소'를 가지는 것은 이 지역어에서 '고조소'를 가진다. 이러한 사실은 (7)을 통하여 확인할 수 있다.

(7)
/말ㅣ 이/→[마리′] (말, 馬)LH
  cf. 동남방언 [마′리]HL, /말ㅣ 보다/→[말보′다]
/말ㅣ 이/→[마′리] (말, 言)HL
  cf. 동남방언 : 경남 [마리′]LH, 경북 [마아′리′]

성조도 공시음운 연구의 중요한 대상이 되지만, 본고에서 '성조론'은 논의의 범위에서 제외하며, 이에 대해서는 후고로 미루기로 한다.

제3장

어미와 어간의 기저형

이 장에서는 이 지역어에서 사용되는 어미와 어간의 기저형을 설정하는 것을 목적으로 한다. 음운과정을 분석하고 음운규칙을 설정하기 위해서는 먼저 해당 언어 또는 지역어에서 사용되는 어간과 어미의 기저형이 설정되어야 한다. 한국어의 경우에 공시적인 음운과정은 어간과 어미의 기저형이 통합할 때에 일어나기 때문이다.

어간과 어미에 대한 기저형의 설정 결과가 타당성을 얻기 위해서는 수집된 음성형으로부터 형태분석이 합당하게 이루어져야 하며 설정된 기저형으로부터 그 기저형의 모든 교체형의 도출을 합당하게 설명할 수 있어야 한다. 그러기 위해서는 형태분석과 기저형 설정을 위한 객관적인 기준이 있어야 한다. 이 장의 논의에 적용되는 형태분석과 기저형 설정을 위한 기준은 최명옥(2006a : 36~37)에 제시된 것을 따르기로 한다. 논의의 편의를 위해서 그 부분을 본고에 맞게 부분적인 수정을 가하여 제시하면 다음과 같다.[5]

---

[5] 수정된 부분을 밑줄로 표시한다.

기준 ①
어떤 음운론적 환경에서도 변화가 없는 형태는 그 자체가 <u>기저형</u>이 된다.

기준 ②
음성형에서 분석된 어간이나 어미가 둘 이상의 <u>교체형</u>을 가질 때, ⓐ <u>교체형</u> 상호간에 동일한 부분은 해당하는 <u>기저형</u>의 일부가 된다. <u>기저형</u>의 일부로 표시할 때에는 이음들은 대당하는 형태음소로 바꾸어야 한다. ⓑ 차이를 보이는 음성들 즉, 교체음들에 대한 형태음소는 ㉠ 해당 교체음들 중의 어느 하나이거나 대상 언어의 음소목록에 있는 음소라야 하며 ㉡ 잠정 <u>기저형</u>으로부터 다른 교체음을 공시적 음운규칙으로써 설명할 수 없는 경우에는 그 교체음들 모두를 <u>기저형</u>으로 인정해야 한다.

기준 ③
ⓐ 어간의 경우, 어간말이 자음소(유음소 포함)로 끝날 때에는, 활용어간은 /어/로 시작하는 어미와, 곡용어간은 모음소로 시작하는 어미와 통합한 음성형에서 분석된 어간형을, 어미의 경우, 어미초가 자음소로 시작될 때에는, 모음소로 끝나는 어간과 통합한 음성형에서 분석된 어미형을 잠정 <u>기저형</u>으로 가정하고 그 합당성을 검증한다. 단, 활용어간의 잠정 <u>기저형</u>이 1음절로 구성되고 그 음절이 단모음소를 가지고 있다면, 그리고 자음소로 시작하는 어미와 통합하는 어간의 <u>교체형</u>이 장모음을 가지고 있다면, 잠정 <u>기저형</u>의 모음소를 장모음소로 표시해야 한다. ⓑ 활용어간의 경우, /어/로 시작하는 어미와 통합한 음성형에서 분석된 활용어간이 모음이나 자음 또는 [르]로 끝나는데도 자음소로 시작하는 어미와 통합한 음성형에서 어미초의 평음소가 유기음이나 경음으로 실현되면, /어/로 시작하는 어미와 통합한 음성형에서 분석된 활용어간말에 /<u>ㅎ</u>/나 /<u>ㆆ</u>/를 삽입하여 잠정 <u>기저형</u>으로 가정하고 그 합당성을 검증한다. 이 경우에 잠정 <u>기저형</u>의 어간말의 모음소는 자음소로 시작하는 어미와 통합한 형태의 어간말 모음과 동일한 것으로 한다. ⓒ 어간말이 모음소로 끝날 때에는, 자음소로 시작하는 어미와 통합한 음성형에서 분석된 어간형을, 그리고 어미초가 모음소로 시작할 때에는 연구개음소로 끝나고 그 음절의 모음소가 비원순모음인 어간과 통합한 음성형에서 분석된 어미형을 잠정 <u>기저형</u>으로 가정하고 그 합당성을 검증한다.

기준 ④
기준 ③으로 잠정 <u>기저형</u>을 정할 수 없는 경우, 즉, 어간이 <u>복합기저형</u>으로 이루어질 때, ⓐ 자음으로 끝나는 어간의 어휘화된 <u>교체형</u>은, ㉠ /으/로 시작하는 어미와 통합한 것이 있으면 그것으로 하고 ㉡ /으/로 시작하는 어미와 통합한 것이 없으면 /드/나 /즈/로 시작하는 어미와 통합한 것으로 한다. 그리고 ⓑ 자음소로 시작하는 어미와 통합한 어간이 자음으로 끝나고 모음소로 시작하는 어미와 통합한 어간이 유음으로 끝나는데도 유음 뒤에 어미초의 [으]가 실현되어 있으면, 모음소로 시작하는 어미와 통합하는 어간의 어휘화된 <u>교체형</u>은, 국어의 다른 방언에 해당 어간이 단일화된 것이 있을 경우, 그것과 동일한 것으로 한다. ⓒ 자음소로 시작하는 어미와 통합한 어간이 모음으로 끝나는데도 /어/로 시작하는 어미와 통합한 어간이 자음이나 유음으로 끝나면, /어/로 시작하는 어미와 통합하는 어간의 어휘화된 <u>교체형</u>은 모음소로 끝나는 것으로 해야한다. 그 때의 어휘화된 교체형과 ㉠ 해당 어간이 <u>한국어</u>의 다른 방언에 단일화된 것이 있으면 그것과 동일한 것이라고 가정하고, ㉡ 해당 어간의 단일화형이 없으면, 그리고 그 어간이 변화를 겪은 것이라면, 해당 어간보다 앞 시기의 어간형과 동일한 것이라고 가정하여 그 합당성을 검증한다.

3.1. 어미의 기저형

  곡용형과 활용형은 어간이나 어미 중 어느 하나의 기저형을 알면 쉽게 분석할 수 있다. 한국어에서 어간말의 형태음소는 그 수가 많지만 어미초의 형태음소는 그 수가 매우 한정되어 있다. 예를 들면, 표준어 활용어미의 경우, '−어도, −어서'나 '−으니, −으시−'에서 보듯이, 어미초의 모음소로는 '어'와 '으'에 한정된다. 그리고 '−고(연결<어미>), −더라(종결<어미>), −세(종결), −지(연결/종결), −니(종결)' 등에서 보듯이, 어미초의 자음소로는 'ㄱ, ㄷ, ㅅ, ㅈ, ㄴ'에 한정된다. 이러한 이유로 어간의 기저형에 앞서 어미의 기저형에 대해서 논의한다. 이 절에서는 먼저 곡용어미의 기저형에 대해서 논의하고 다음에 활용어미의 기저형에 대해서 논의하기로 한다.

3.1.1. 곡용어미의 기저형

이 절에서는 먼저 곡용어미의 단일기저형에 대해서 논의하고 다음에 곡용어미의 복합기저형에 대해서 논의하기로 한다.

3.1.1.1. 단일기저형

곡용어미가 단일기저형인 어미는 어미초가 자음소로 시작되는 어미와 모음소로 시작되는 어미로 구분한다. 여기서는 먼저 어미가 자음소로 시작되는 어미에 대해 논의하고 다음에 모음소로 시작되는 어미에 대해 논의하기로 한다.

(A) 자음소로 시작되는 어미

이 지역어에서 자음소로 시작되는 단일기저형 곡용어미로는 '-마, -마다, -뿐, -꺼Y(꺼지, 꺼정), -처러, -가, -보다, -두'와 같은 것이 있다. 이들 중 '-마, -마다, -뿐, -꺼정(꺼지), -처러'는 어간과 통합할 때 교체를 보이지 않는다. 이 같은 사실은 (1)을 통하여 확인할 수 있다. (1a)는 ( ) 속의 표준어에 대한 이 지역어의 음성형이고 (1b)는 그들 음성형을 어간과 어미로 분석한 것이다.

(1a)
㉮ 돔′마 (돈만), 열′마 (열만), 내마′ (나만)
㉯ 집짐마′다 (집집마다), 고일랄′마다 (공일날[日曜日]마다), 아풀때′마다
   (아플 때마다)
㉰ 밥′뿐 (밥뿐), 말′뿐 (말뿐), 우리′뿐 (우리뿐)
㉱ 북′경꺼정 (북경까지), 열대애쌀′꺼정 (열댓살까지), 암노깡역′꺼지 (압
   록강역까지), 통화′꺼지 (통화까지)
㉲ 죽′처러 (죽처럼), 딸′처러 (딸처럼), 아′처러 (아이처럼)

(1b)
㉮ 돔-마, 열-마, 내-마
㉯ 집짐-마다, 고일랄-마다, 아풀때-마다
㉰ 밥-뿐, 말-뿐, 우리-뿐
㉱ 북경-꺼정, 열대애쌀-꺼정, 암노깡역-꺼지, 통화-꺼지
㉲ 죽-처러, 딸-처러, 아-처러

(1b)에서 보다시피, 표준어의 곡용어미 '-만, -마다, -뿐, -까지, -처럼'에 해당하는 이 지역어형은 어간말의 형태음소가 무엇이든 간에 언제나 [마], [마다], [뿐], [꺼지], [꺼정], [처러]로만 실현된다. 그리고 (1b)㉮, ㉯의 어간말의 'ㄴ'와 'ㅂ'는 'ㅁ'로 시작하는 어미 앞에서 양순음소화되어 'ㅁ'로 된 후 음성으로 실현된다(4.1.1.2.의 (C) 양순음소화 참조). 그 결과는 (1a)와 일치한다. 그러므로 그것들은 기저형 설정 기준 ①에 의해서 그 자체가 기저형이 된다. 따라서 그들 곡용어미의 기저형은 각각 '/-마/', '/-마다/', '/-뿐/', '/-꺼정(꺼지)/', '/-처러/'가 된다.

다음으로, 자음소로 시작되는 단일기저형 곡용어미 '-가, -보다, -두'에 대해 논의한다. 다음에 제시되는 (2a)는 ( ) 속의 표준어에 대한 이 지역어의 음성형이고 (2b)는 그들 음성형을 어간과 어미로 분석한 것이다.

(2a)
㉮ 작′숙까 <촌장이> (고모부와), 밤′가 <낮으> (밤과), 아들′가 <딸> (아들과), 엄′마가 <아부지> (엄마와)
㉯ 밥′뽀다 (밥보다), 밤′보다 (밤보다), 술보′다 (술보다), 내보′다 (나보다)
㉰ 중국′뚜 (중국도), 방두′ (방도), 딸′두 (딸도), 운전수′두 (운전수도)

(2b)
㉮ 작숙-까, 밤-가, 아들-가, 엄마-가
㉯ 밥-뽀다, 밤-보다, 술-보다, 내-보다
㉰ 중국-뚜, 방-두, 딸-두, 운전수-두

(2b)의 형태분석을 통해서, 표준어의 곡용어미 '-{ø-ㄱ}와', '-보다', '-도'에 해당하는 이 지역어의 곡용어미는, (2b) ㉮~㉰에서 보다시피 각각 두 개의 교체형 '[까], [가]', '[뽀다], [보다]', '[뚜], [두]'를 가진다는 것을 알 수 있다. 짝을 이루는 교체형들 중에서 평음으로 시작하는 것들은 어간말의 형태음소가 모음소나 유음소, 비음소인 어간 뒤에서 실현되며 경음으로 시작하는 것들은 어간말의 형태음소가 비음소 이외의 자음소인 어간 뒤에서 실현된다.

두 개의 교체형 중에서 평음으로 시작하는 것을 잠정 기저형이라고 하면, 모음소나 유음소, 비음소로 끝나는 어간 뒤에서는 아무런 음운과정을 거치지 않기 때문에 그대로 실현된다. 그리고 비음소 이외의 자음소로 끝나는 어간 뒤에서는 어미초의 평음소가 경음소화하여 경음으로 실현된다. 그 결과는 (2a)와 일치한다. 그러나 경음으로 시작하는 교체형을 잠정 기저형이라고 하면, 모음소나 유음소, 비음소로 끝나는 어간 뒤에서 어미초의 경음소가 평음으로 실현되는 사실을 설명할 수 없다. 한국어의 경음소는 유성음소 사이에서 평음소화하지 않기 때문이다.

이상의 논의를 통해서 (2b)에서 분석된 두 개의 교체형에 대한 기저형은 평음소로 시작되는 것이어야 함을 알 수 있다. 다시 말하면, 표준어의 곡용어미 '-{와-과}', '-보다', '-도'에 대한 이 지역어의 어미의 기저형은 각각 '/-가/', '/-보다/', '/-두/'가 된다.

(B) 모음소로 시작되는 어미

이 지역어에서 모음소로 시작되는 단일기저형 곡용어미로는 '/-이/, /-에Y/, /-을르/, /-으Y/, /-아/'와 같은 것이 있다. 이하에서 이들에 대해 구체적으로 논의하기로 한다.

먼저 '-이'에 대해 논의한다. 다음에 제시되는 (3a)는 ( ) 속의 표준어에 대한 이 지역어의 음성형이고 (3b)는 그들 음성형을 어간과 어미로 분석한 것이다.

    (3a) 사′래미 (사람이), 베′리 (별이), 댄스′ <재밌소> (TV가), 코′이 (코가)
    (3b) 사렘-이, 벨 -이, 댄스-ø, 코-이

    (3b)에서 보듯이, 표준어의 주격어미 ‘-{이-가}’에 해당하는 이 지역 어형은 어간말의 형태음소가 무엇이든 간에 언제나 [이]로만 실현된다. 그러므로 그것들은 기저형 설정 기준 ①에 의해서 그 자체가 기저형이 된다. 따라서 이 지역어의 주격어미의 기저형은 ‘/-이/’가 된다.[6]
    다음으로, /-에Y/에 대해 논의하기로 한다. 이 지역어에서 ‘에’로 시작하는 곡용어미는 ‘-에, -에서, -에게, -에다’ 등이 있다. 다음에 제시되는 (4a)는 ( ) 속의 표준어에 대한 이 지역어의 음성형이고 (4b)는 그들 음성형을 어간과 어미로 분석한 것이다.

(4a)
㉮ 벵워네′ (병원에), 마으레′ (마을에), 숙싸′에 (숙소에)
㉯ 조서네′서 (조선에서), 마으레′서 (마을에서), 훼에′서 (회의에서)
㉰ 적뜨레게′ (적들에게), 따레게′ (딸에게), 춘자에게′ (춘자에게)
㉱ 마다네′다 (마당에다), 지레다′ (길에다), 다′마에다 (전등에다)

(4b)
㉮ 벵원-에, 마을-에, 숙싸-에
㉯ 조선-에서, 마을-에서, 훼-에서

---

6) 이 지역어에서 주격어미 /-이/는 모음소로 끝나는 어간 뒤에서는 탈락되는 것이 일반적이다. 그러한 사실은 ‘나비 난다, 노배(무우) 맛있소, 다마 환하오, 채소 많소’ 등과 같은 예에서 확인할 수 있다. 하지만 중세 한국어에서 ‘ㅎ’ 말음을 가지었던 표준어의 ‘코, 뒤, 위’ 등에 해당하는 이 지역어의 어간 ‘코, 두, 우’ 등은 주격어미 /-이/와 통합할 때 [코이, 두이, 우이]에서와 같이 ‘이’가 탈락되지 않는다. 또한 대격어미 /-{으-르}/와 통합할 때에도 모음소로 끝나는 어간 뒤에서는 ‘[오이르](오이를)’에서와 같이 /-르/가 선택되는 것이 일반적이지만, 이들 어간에 있어서는 [코오, 두우, 우우]에서와 같이 /-으/가 선택된다.

　　㉰ 적-들-에게, 딸-에게, 춘자에게
　　㉱ 마단-에다, 질-에다, 다마-에다7)

　(4b)㉮~㉱에서 보듯이, 표준어의 곡용어미 '-에, -에서, -에게, -에다'에 해당하는 이 지역 어형은 어간말의 형태음소가 무엇이든 간에 언제나 [에], [에서], [에게], [에다]로만 실현된다. 그러므로 그것들은 기저형 설정기준 ①에 의해서 그 자체가 기저형이 된다. 따라서 표준어 어미 '-에', '-에서', '-에게', '-에다'에 대한 이 지역어의 어미의 기저형은 각각 '/-에/', '/-에서/', '/-에게/', '/-에다/'가 된다.

　다음으로 /-을르/에 대해 논의한다. 다음에 제시되는 (5a)는 ( ) 속의 표준어에 대한 이 지역어의 음성형이고 (5b)는 그들 음성형을 어간과 어미로 분석한 것이다.

　　(5a) 모′들르(못으로), 칼′르(칼로), 두 가질′르(두 가지로)
　　(5b) 몯-을르, 칼-르, 두 가지-르르

　(5b)의 형태분석을 통해서, 표준어의 도구를 나타내는 구격어미 '-으로'8)에 해당하는 이 지역어의 곡용어미는, (5b)에서 보다시피 세 개의 교체형 '[을르], [르], [르르]'를 가진다는 것을 알 수 있다. 세 개의 교체형 중에서 '[을르]'는 어간말의 형태음소가 자음소인 어간 뒤에서 실현되며, '[르]'는 어간말의 형태음소가 유음소인 어간 뒤에서 실현되며 '[르르]'는 어간말의 형태음소가 모음소인 어간 뒤에서 실현된다.

　이들 중 '-을르'를 잠정 기저형이라고 하면, 자음소로 끝나는 어간 뒤에서는 아무런 음운과정도 거치지 않아 그대로 실현되며, 모음소로 끝

---

7) 이 지역어의 곡용어미 '-에Y'는 '에'가 탈락된 형태인 '-서, -게, -다'로 실현되기도 한다. 예를 들면, '집서, 조선서, 딸게, 다마다' 등과 같은 것이다.
8) 이 지역어의 구격어미는 방향을 나타내는 '-으로'와 도구를 나타내는 '-을르'가 있다.

나는 어간 뒤에서는 '으'가 탈락하여 '-르르'가 된다. 그리고 유음소로 끝나는 어간 뒤에서는 어미초의 '으'가 탈락하여 '-르르'가 되어(4.2.4.1. 어미초 '으'의 탈락 참조) 어간말의 'ㄹ'과 함께 자음소군을 형성하게 되며, 그 후 기능부담량이 적은 어간말의 'ㄹ'이 탈락(4.2.1.3. 자음소군단순화 참조)하게 된다. 그 결과는 (5a)의 음성형과 일치하게 된다. 그러나 '-르'를 잠정 기저형이라고 하면, 자음소나 유음소로 끝나는 어간 뒤에서 '을' 또는 'ㄹ'이 삽입되는 사실을 설명할 수 없고, '-르르'를 잠정 기저형이라고 하면, 자음소로 끝나는 어간 뒤에서 '으'가 삽입되는 사실을 설명할 수 없다. 따라서 도구를 나타내는 표준어 구격어미 '-으로'에 대한 이 지역어의 곡용어미의 기저형은 /-을르/가 된다.

이상의 논의를 통해서 (5b)에서 분석된 교체형에 대한 기저형은 /-을르/이어야 함을 알 수 있다. 다시 말하면, 도구를 나타내는 표준어 구격어미 '-으로'에 대한 이 지역어의 어미의 기저형은 '/-을르/'가 된다.

다음으로 /-으Y/에 대해 논의하기로 한다. 이 지역어에서 '으'로 시작하는 곡용어미는 '-으느, -으르/'가 있다. 다음에 제시되는 (6a)는 ( ) 속의 표준어에 대한 이 지역어의 음성형이고 (6b)는 그들 음성형을 어간과 어미로 분석한 것이다.

(6a)
㉮ 떠′그느 (떡은), 아드′르느 (아들은), 장춘차느′ (차는)
㉯ 벵워느′르 (병원으로), 삼시골′르 (삼수골로), 아래떼′르 (아래동네로)

(6b)
㉮ 떡-으느, 아들-으느, 장춘차-느
㉯ 벵원-으르, 삼시꼴-르, 아래떼-르

(6b)의 형태분석을 통해서, 표준어의 주제격표시 곡용어미 '-{ø-ㄴ}은', 그리고 표준어의 방향을 나타내는 구격어미 '-으로'에 해당하는

이 지역어의 곡용어미는, (6b)㉮~㉯에서 보다시피 각각 두 개의 교체형 ‘[으느], [느]’, ‘[으르], [르]’를 가진다는 것을 알 수 있다.

먼저, 두 개의 교체형 ‘[으느], [느]’ 중에서 ‘[으느]’는 어간말의 형태음소가 자음소나 유음소인 어간 뒤에서 실현되며 ‘[느]’는 어간말의 형태음소가 모음소인 어간 뒤에서 실현된다. 이 두 개의 교체형 중에서 ‘–으느’를 잠정 기저형이라고 하면, 자음소나 유음소로 끝나는 어간 뒤에서는 아무런 음운과정을 거치지 않기 때문에 그대로 실현된다. 그리고 모음소로 끝나는 어간 뒤에서는 어미초의 ‘으’가 탈락되여 ‘느’로 실현된다. 그 결과는 (6a)㉮와 일치한다. 그러나 ‘–느’를 잠정 기저형이라고 하면, 자음소나 유음소로 끝나는 어간 뒤에서 ‘으’가 삽입되는 사실을 설명할 수 없다.

다음, 두 개의 교체형 ‘[으르], [르]’ 중에서 ‘[으르]’는 어간말의 형태음소가 자음소인 어간 뒤에서 실현되며 ‘[르]’는 어간말의 형태음소가 모음소나 유음소인 어간 뒤에서 실현된다. 이 두 개의 교체형 중에서 ‘–으르’를 잠정 기저형이라고 하면, 자음소로 끝나는 어간 뒤에서는 아무런 음운과정을 거치지 않기 때문에 그대로 실현된다. 그러나 모음소나 유음소로 끝나는 어간 뒤에서는 어미초의 ‘으’가 탈락되여 ‘느’로 실현된다. 그 결과는 (6a)㉯와 일치한다. 그러나 ‘–르’를 잠정 기저형이라고 하면, 자음소로 끝나는 어간 뒤에서 ‘으’가 삽입되는 사실을 설명할 수 없다.

이상의 논의를 통해서 (6b)에서 분석된 두 개의 교체형에 대한 기저형은 ‘–으느’와 ‘–으르’이어야 함을 알 수 있다. 다시 말하면, 표준어 어미 ‘–{ø–ㄴ}은’, ‘–으로’에 대한 이 지역어의 어미의 기저형은 각각 ‘/–으느/’, ‘/–으르/’가 된다.

다음 어미 /–아/에 대해 논의한다. 다음에 제시되는 (7a)는 ( ) 속의 표준어에 대한 이 지역어의 음성형이고 (7b)는 그들 음성형을 어간과 어미로 분석한 것이다.

(7a) 겡오′가(경옥아), 용′처라(용철아), 춘′자야(춘자야)
(7b) 겡옥-아, 용철-아, 춘자-야

(7b)의 형태분석을 통해서, 표준어의 호격어미 '-아'에 해당하는 이 지역어의 곡용어미는, (7b)에서 보다시피 두 개의 교체형 '[아]'와 '[야]'를 가진다는 것을 알 수 있다. 두 개의 교체형 중에서 '[아]'는 어간말의 형태음소가 자음소나 유음소인 어간 뒤에서 실현되며 '[야]'는 어간말의 형태음소가 모음소인 어간 뒤에서 실현된다.

두 개의 교체형 중에서 '-아'를 잠정 기저형이라고 하면, 자음소나 유음소로 끝나는 어간 뒤에서는 아무런 음운과정을 거치지 않기 때문에 그대로 실현된다. 그러나 모음소로 끝나는 어간 뒤에서는 활음 'j'가 삽입되어 [야]로 실현된다(4.3. 활음소삽입 참조). 그 결과는 (7a)와 일치한다. 그러나 '-야'를 잠정 기저형이라고 하면, 자음소나 유음소로 끝나는 어간 뒤에서 활음이 탈락되는 사실을 설명할 수 없다.

이상의 논의를 통해서 (7b)에서 분석된 두 개의 교체형에 대한 기저형은 '-아'이어야 함을 알 수 있다. 다시 말하면, 표준어 호격어미 '-아'에 대한 이 지역어의 어미의 기저형은 /-아/가 된다.

3.1.1.2. 복합기저형

현대 한국어의 활용에서 소위 '변칙'이라고 하는 현상은 복합기저형 즉 복합형태소를 가지는 활용어간이, 통사부와 음운부를 거치는 과정에서, 통합하는 어미와 함께 실현한 결과라는 것이 처음으로 논의된 것은 최명옥(1982)였고 그 뒤 최명옥(1985, 1988, 1993)에서 복합형태소 전반에 대한 논의를 진행하였다. 논의의 주요 내용을 간단히 정리하면 다음과 같다. 한국어에서 어간이나 어미는, 음운변화가 이루어지는 동안에, 통합하는 어미초나 어간말 형태음소가 자음소이냐 모음소이냐에 따라서 재구조화가 달리 일어날 수 있다는 것이다.

이 지역어에서 복합기저형을 가지는 곡용어미는 (8)의 대격어미와 같
은 것이 있다. 다음에 제시되는 (8a)는 ( ) 속의 표준어에 대한 이 지역
어의 음성형이고 (8b)는 그들 음성형을 어간과 어미로 분석한 것이다.

    (8a) 바트′ <간다> (밭을), 이′르 <잘함메> (일을), 창′가르 <하오> (노
         래를)
    (8b) 밭-으, 일-으, 창가-르

(8b)의 형태분석을 통해서, 표준어의 대격어미 '-{ø-ㄹ}을'에 해당
하는 이 지역어의 곡용어미는, (8b)에서 보다시피 두 개의 교체형 '[으]'
와 '[르]'를 가진다는 것을 알 수 있다. 두 개의 교체형 중에서 '[으]'는
어간말의 형태음소가 자음소나 유음소인 어간 뒤에서 실현되며 '[르]'는
어간말의 형태음소가 모음소인 어간 뒤에서 실현된다.

두 개의 교체형 중에서 '-으'를 잠정 기저형이라고 하면, 모음소로 끝
나는 어간 뒤에서 '으'가 '르'로 교체되는 사실을 설명할 수 없고, '-르'
를 잠정 기저형이라고 하면, 자음소나 유음소로 끝나는 어간 뒤에서
'르'가 '으'로 교체되는 사실을 설명할 수 없다. 즉 이 둘 중 어느 하나
를 기저형으로 하여 다른 것의 도출을 설명할 수 없다. 그러므로 앞에
제시된 기저형 설정 기준②ⓛ에 의해 /-으/와 /-르/는 모두 기저형으로
인정되어야 한다.

이상의 논의를 통해서 (8b)에서 분석된 두 개의 교체형에 대한 기저
형은 '/-{ø-ㄹ}으/'이어야 함을 알 수 있다. 다시 말하면, 표준어의 대
격어미 '-{ø-ㄹ}을'에 대한 이 지역어의 어미의 기저형은 '/-{ø-
ㄹ}으/'가 된다. 여기에서 '/-{ø-ㄹ}으/' 중, 자음소 및 유음소로 끝나
는 어간 뒤에서는 '/-으/'가 선택되고 모음소로 끝나는 어간 뒤에서는
'/-르/'가 선택된다.

3.1.2. 활용어미의 기저형

이하에서는 이 지역어의 활용어미의 기저형에 대해 논의하기로 한다.
활용어미의 기저형 역시 단일기저형과 복합기저형으로 나누어 논의한다.

3.1.2.1. 단일기저형

곡용어미와 마찬가지로 활용어미가 단일기저형인 어미는 어미초가 자
음소로 시작되는 어미와 모음소로 시작되는 어미로 구분한다. 먼저 어미
가 자음소로 시작되는 어미에 대해 논의하고 다음에 모음소로 시작되는
어미에 대해서 논의하기로 한다.

(A) 자음소로 시작되는 어미

먼저 어미초가 'ㄴ'으로 시작되는 어미의 기저형의 설정으로부터 논의
하기로 한다. 다음에 제시되는 (1a)는 ( ) 속의 표준어에 대한 이 지역어
의 음성형이고 (1b)는 그들 음성형을 어간과 어미로 분석한 것이다.

(1a)
㉮ 해방´시기´느라구 (해방시키느라고), 지키´느라구 (지키느라고), 짜´느
  라구 (짜느라고)
㉯ 어´째 그´래니? (왜 그러니), 몸´멍니? (못 먹니), 존´니? (좋니)

(1b)
㉮ 해방시기–느라구, 지키–느라구, 짜–느라구
㉯ 어째–그래–니, 못–먹–니, 좋–니

(1b)에서 보듯이, 표준어의 활용어미 '–느라고, –니'에 해당하는 이
지역어형은 어간말의 형태음소가 무엇이든 간에 언제나 [느라구], [니]
로만 실현된다. 그러므로 그것들은 기저형 설정 기준 ①에 의해서 그 자
체가 기저형이 된다. 따라서 그들 활용어미의 기저형은 각각 '/–느라구/,

/-니/'가 된다.

다음으로, 어미초가 'ㄱ'으로 시작되는 어미의 기저형의 설정에 대해 논의하기로 한다. 다음에 제시되는 (2a)는 ( ) 속의 표준어에 대한 이 지역어의 음성형이고 (2b)는 그들 음성형을 어간과 어미로 분석한 것이다.

(2a)
㉮ 먹꾸′(먹고), 상′꾸(삼고), 조′쿠(좋고), 놀′구(놀고), 크′구(크고)
㉯ 죽께′(죽게), 앙′께(안게), 빨′가케(빨갛게), 살′게(살게), 크′게(크게)
㉰ 덥낄래′(덥기에), 상낄래′(삼기에), 부낄래′(붓기에, 注), 벌길래′(벌기에), 참가하길래′(참가하기에)
㉱ 먹끼′오(먹읍시다), 앙′끼오(안읍시다), 여키′오(넣읍시다), 놀′기오(놉시다), 가기′오(갑시다)9)

(2b)
㉮ 먹-꾸, 삼-꾸, 좋-구, 놀-구, 크-구
㉯ 죽-께, 안-께, 빨갛-게, 살-게, 크-게
㉰ 덥-낄래, 삼-낄래, 붕-길래, 벌-길래, 참가하-길래
㉱ 먹-끼오, 안-끼오, 옇-기오, 놀-기오, 가-기오

(2b)의 형태분석을 통해서, 표준어의 활용어미 '-고', '-게', '-기에', '-읍시다'에 해당하는 이 지역어의 활용어미는, (2b)㉮~㉱에서 보다시피 각각 두 개의 교체형 '[꾸], [구]', '[께], [게]', '[낄래], [길래]', '[끼오], [기오]'를 가진다는 것을 알 수 있다. 짝을 이루는 교체형들 중에서 평음으로 시작하는 것들은 어간말의 형태음소가 모음소나 유음소, 후음소인 어간 뒤에서 실현되며 경음으로 시작하는 것들은 어간말의 형태음소가 후음소 이외의 자음소인 어간 뒤에서 실현된다.

두 개의 교체형 중에서 평음으로 시작하는 것을 잠정 기저형이라고 하면, 모음소나 유음소로 끝나는 어간 뒤에서는 아무런 음운과정을 거치

9) 하오체의 청유법 종결어미이다.

지 않기 때문에 그대로 실현되며, 후음소로 끝나는 어간 뒤에서는 후음
소와 어미초의 자음소가 축약되어 격음 또는 경음으로 실현된다(4.4.1. 자
음소축약 참조). 그리고 후음소 이외의 자음소로 끝나는 어간 뒤에서는 어
미초의 평음소가 경음소화하여 경음으로 실현된다. 그 결과는 (2a)와 일
치한다. 그러나 경음으로 시작하는 교체형을 잠정 기저형이라고 하면,
모음소나 유음소로 끝나는 어간 뒤에서 어미초의 경음소가 평음으로 실
현되는 사실을 설명할 수 없다.

이상의 논의를 통해서 (2b)에서 분석된 두 개의 교체형에 대한 기저형
은 평음소로 시작되는 것이어야 함을 알 수 있다. 다시 말하면, 표준어
의 활용어미 '—고', '—게', '—기에', '—읍시다'에 해당하는 이 지역어의
어미의 기저형은 각각 '/—구/', '/—게/', '/—길래/', '/—기오/'가 된다.

다음으로, 어미초가 'ㅈ'로 시작되는 어미의 기저형의 설정에 대해 논
의하기로 한다. 다음에 제시되는 (3a)는 ( ) 속의 표준어에 대한 이 지역
어의 음성형이고 (3b)는 그들 음성형을 어간과 어미로 분석한 것이다.

(3a)
㉮ 먹찌′(먹지), 깜′찌 (감지, 閉), 여치′(넣지), 놀′지 (놀지), 가지′(가지)
㉯ 이찌′만 (있지만), 깜′찌만 (감지만), 조′치만 (좋지만), 벌′지만 (벌지만),
　꾸′지만 (꾸지만)
㉰ 곱′찌비 (곱지(요)), 넘′찌비 (넘지요), 여치′비 (넣지요), 사′지비 (살지
　요), 모르′지비 (모르지요)10)
㉱ 먹짜′(먹자), 넘′짜 (넘자), 지′짜 (짓자), 놀′자 (놀자), 가자′(가자)
㉲ 먹짜′구 (먹으려고), 넘′짜구 (넘으려고), 지′짜구 (지으려고), 놀′자구
　(놀려고), 오자′구 (오려고)

(3b)
㉮ 먹—찌, 깜—찌, 옇—지, 놀—지, 가—지
㉯ 있—찌만, 깜—찌만, 좋—지만, 벌—지만, 꾸—지만

―――――――――――――

10) 하우다체, 하오체, 해라체에 모두 쓰이는 평서법 종결어미이다.

㉓ 곱-지비, 넘-찌비, 옇-지비, 사-지비, 모르-지비
㉔ 먹-짜, 넘-짜, 짛-자, 놀-자, 가-자
㉕ 먹-짜구, 넘-짜구, 짛-자구, 놀-자구, 오-자구

(3b)의 형태분석을 통해서, 표준어의 활용어미 '-지', '-지만', '-지(지요)', '-자', '-으려고'에 해당하는 이 지역어의 활용어미는, (3b) ㉮~㉕에서 보다시피 각각 두 개의 교체형 '[찌], [지]', '[찌만], [지만]', '[찌비], [지비]', '[짜], [자]', '[짜구], [자구]'를 가진다는 것을 알 수 있다. 짝을 이루는 교체형들 중에서 평음으로 시작하는 것들은 어간말의 형태음소가 모음소나 유음소, 후음소인 어간 뒤에서 실현되며 경음으로 시작하는 것들은 어간말의 형태음소가 후음소 이외의 자음소인 어간 뒤에서 실현된다.

두 개의 교체형 중에서 평음으로 시작하는 것을 잠정 기저형이라고 하면, 모음소나 유음소로 끝나는 어간 뒤에서는 아무런 음운과정을 거치지 않기 때문에 그대로 실현되며, 후음소로 끝나는 어간 뒤에서는 후음소와 어미초의 자음소가 축약되어 격음 또는 경음으로 실현된다(4.4.1. 자음소축약 참조). 그리고 후음소 이외의 자음소로 끝나는 어간 뒤에서는 어미초의 평음소가 경음소화하여 경음으로 실현된다. 그 결과는 (3a)와 일치한다. 그러나 경음으로 시작하는 교체형을 잠정 기저형이라고 하면, 모음소나 유음소로 끝나는 어간 뒤에서 어미초의 경음소가 평음으로 실현되는 사실을 설명할 수 없다.

이상의 논의를 통해서 (3b)에서 분석된 세 개의 교체형에 대한 기저형은 평음소로 시작되는 것이어야 함을 알 수 있다. 다시 말하면, 표준어의 활용어미 '-지', '-지만', '-지(지요)', '-자', '-으려고'에 해당하는 이 지역어의 어미의 기저형은 각각 '/-지/', '/-지만/', '/-지비/', '/-자/', '/-자구/'가 된다.

　다음으로, 어미초가 ‘ㄷ’로 시작되는 어미의 기저형의 설정에 대해 논의하기로 한다. 다음에 제시되는 (4a)는 ( ) 속의 표준어에 대한 이 지역어의 음성형이고 (4b)는 그들 음성형을 어간과 어미로 분석한 것이다.

(4a)
　㉮ 먹따′가(먹다가), 숨′따가(숨다가), 노타′가(놓다가), 우′다가(울다가), 가′다가(가다가)
　㉯ 덥′떵가(덥던가), 숨′떵가(숨던가), 조′텅가(좋던가), 우′덩가(울던가), 크′덩가(크던가)
　㉰ 곱′떠라(곱더라), 담′떠라(담더라), 지′떠라(짓더라), 사′더라(살더라), 크′더라(크더라)
　㉱ 먹떼′(먹더니), 담′떼(담더니), 부′떼(붓더니), 놀′데(놀더니), 가′데(가더니)11)

(4b)
　㉮ 먹-따가, 숨-따가, 놓-다가, 울-다가, 가-다가
　㉯ 덥-떵가, 숨-떵가, 좋-덩가, 울-덩가, 크-덩가
　㉰ 곱-떠라, 담-떠라, 짛-더라, 사-더라, 크-더라
　㉱ 먹-떼, 담-떼, 붛-데, 놀-데, 가-데

　(4b)의 형태분석을 통해서, 표준어의 활용어미 ‘-다가’, ‘-던가’, ‘-더라’, ‘-더니’에 해당하는 이 지역어의 활용어미는, (4b)㉮~㉱에서 보다시피 각각 두 개의 교체형 ‘[따가], [다가]’, ‘[떵가], [덩가]’, ‘[떠라], [더라]’, ‘[떼], [데]’를 가진다는 것을 알 수 있다. 짝을 이루는 교체형들 중에서 평음으로 시작하는 것들은 어간말의 형태음소가 모음소나 유음소, 후음소인 어간 뒤에서 실현되며 경음으로 시작하는 것들은 어간말의 형태음소가 후음소 이외의 자음소인 어간 뒤에서 실현된다.
　두 개의 교체형 중에서 평음으로 시작하는 것을 잠정 기저형이라고

―――――――――――
11) 해라체의 의문법 종결어미이다. 회상을 나타낸다. 예 : 가 밥으 먹데?(걔가 밥을 먹더니?)

하면, 모음소나 유음소로 끝나는 어간 뒤에서는 아무런 음운과정을 거치지 않기 때문에 그대로 실현되며, 후음소로 끝나는 어간 뒤에서는 후음소와 어미초의 자음소가 축약되어 격음 또는 경음으로 실현된다(4.4.1. 자음소축약 참조). 그리고 후음소 이외의 자음소로 끝나는 어간 뒤에서는 어미초의 평음소가 경음소화하여 경음으로 실현된다. 그 결과는 (4a)와 일치한다. 그러나 경음으로 시작하는 교체형을 잠정 기저형이라고 하면, 모음소나 유음소로 끝나는 어간 뒤에서 어미초의 경음소가 평음으로 실현되는 사실을 설명할 수 없다.

이상의 논의를 통해서 (4b)에서 분석된 세 개의 교체형에 대한 기저형은 평음소로 시작되는 것이어야 함을 알 수 있다. 다시 말하면, 표준어의 활용어미 '-다가', '-던가', '-더라', '-더니'에 해당하는 이 지역어의 어미의 기저형은 각각 '/-다가/', '/-덩가/', '/-더라/', '/-데/'가 된다.

(B) 모음소로 시작되는 어미

먼저 어미초가 '으'로 시작되는 어미의 기저형의 설정으로부터 논의하기로 한다. 이 지역어에는 '으'로 시작되는 어미는 어미초의 음절이 개음절 '으'로 시작되는 것과 폐음절인 '을'로 시작되는 것이 있다.

먼저 개음절 '으'로 시작되는 어미의 기저형의 설정으로부터 논의하기로 한다. 다음에 제시되는 (5a)는 ( ) 속의 표준어에 대한 이 지역어의 음성형이고 (5b)는 그들 음성형을 어간과 어미로 분석한 것이다.

(5a)
㉮ 머그′무(먹으면), 울′무(울면), 크′무(크면)
㉯ 머그′이까(디)(먹으니까), 우′이까(디)(우니까), 크′이까(디)(크니까)
㉰ 머그′메(서리)(먹으면서), 울′메(서리)(울면서), 가메′(서리)(가면서)
㉱ 자′그나(작으나), 사′나(사나), 크′나(크나)
㉲ 머그′께(먹을게), 노′께(놀게), 가′께(갈게)

(5b)
㉮ 먹-으무, 울-무, 크-무
㉯ 먹-으이까(디), 우-이까(디), 크-이까(디)
㉰ 먹-으메(서리), 울-메(서리), 가-메(서리)
㉱ 작-으나, 사-나, 크-나
㉲ 먹-으께, 노-께, 가-께

　(5b)의 형태분석을 통해서, 표준어의 활용어미 '-으면', '-으니까', '-으면서', '-으나', '-을께'에 해당하는 이 지역어의 활용어미는, (5b) ㉮~㉲에서 보다시피 각각 두 개의 교체형 '[으무], [무]', '[으이까(디)], [이까(디)]', '[으메(서리)], [메(서리)]', '[으나], [나]', '[으께], [께]'를 가진다는 것을 알 수 있다. 짝을 이루는 교체형들 중에서 '으'로 시작하는 것들은 어간말의 형태음소가 자음소인 어간 뒤에서 실현되며 어미초가 '으'가 아닌 것으로 시작하는 것들은 어간말의 형태음소가 모음소나 유음소인 어간 뒤에서 실현된다.

　두 개의 교체형 중에서 '으'로 시작하는 것을 잠정 기저형이라고 하면, 자음소로 끝나는 어간 뒤에서는 아무런 음운과정을 거치지 않기 때문에 그대로 실현된다. 그리고 모음소나 유음소로 끝나는 어간 뒤에서는 어미초의 '으'가 탈락하여 [무], [이까(디)], [메(서리)], [나], [께]로 실현된다. 그 결과는 (5a)와 일치한다. 그러나 '-무', '-이까디', '-메(서리)', '-나', '-께'를 잠정 기저형이라고 하면, 자음소로 끝나는 어간 뒤에서 어미초에 '으'가 삽입되는 사실을 설명할 수 없다.

　이상의 논의를 통해서 (5b)에서 분석된 두 개의 교체형에 대한 기저형은 어미초가 '으'로 시작되는 것이어야 함을 알 수 있다. 다시 말하면, 표준어의 활용어미 '-으면', '-으니까', '-으면서', '-으나', '-을께'에 해당하는 이 지역어의 어미의 기저형은 각각 '/-으무/', '/-으이까(디)/', '/-으메(서리)/', '/-으나/', '/-으께/'가 된다.

다음으로, 폐음절인 '을'로 시작되는 어미의 기저형의 설정에 대해 논의하기로 한다. 다음에 제시되는 (6a)는 ( ) 속의 표준어에 대한 이 지역어의 음성형이고 (6b)는 그들 음성형을 어간과 어미로 분석한 것이다.

(6a)
㉮ 머글라′(먹으러), 놀′라(놀러), 할라′(하러)
㉯ 머글′깨바(먹을까봐), 놀′깨바(놀까봐), 할깨′바(할까봐)

(6b)
㉮ 먹-을라, 놀-라, 하-ㄹ라
㉯ 먹-을깨바, 놀-깨바, 하-ㄹ깨바

(6b)의 형태분석을 통해서, 표준어의 활용어미 '-으러', '-을까봐'에 해당하는 이 지역어의 활용어미는, (6b)㉮~㉯에서 보다시피 각각 세 개의 교체형 '[을라], [라], [ㄹ라]', '[을깨바], [깨바], [ㄹ깨바]'를 가진다는 것을 알 수 있다. 짝을 이루는 교체형들 중에서 '[을라]', '[을깨바]'는 어간말의 형태음소가 자음소인 어간 뒤에서 실현되며 '[라]', '[깨바]'는 어간말의 형태음소가 유음소인 어간 뒤에서 실현되며 '[ㄹ라]', '[ㄹ깨바]'는 어간말의 형태음소가 모음소인 어간 뒤에서 실현된다.

세 개의 교체형 중에서 '을라', '을깨바'를 잠정 기저형이라고 하면, 자음소로 끝나는 어간 뒤에서는 아무런 음운과정을 거치지 않기 때문에 그대로 실현되고 모음소로 끝나는 어간 뒤에서는 '으'가 탈락하여 'ㄹ라', 'ㄹ깨바'가 된다. 그리고 유음소로 끝나는 어간 뒤에서는 어미초의 '으'가 탈락하여 'ㄹ라', 'ㄹ깨바'가 되어(4.2.4.1. 어미초 '으'의 탈락 참조) 어간말의 'ㄹ'과 함께 자음소군을 형성하게 되며, 그 후 기능부담량이 적은 어간말의 'ㄹ'이 탈락(4.2.1.3. 자음소군단순화 참조)하여 '라', '깨바'가 된다. 그 결과는 (6a)의 음성형과 일치하게 된다. 그러나 '라', '깨바'를 잠정 기저형이라고 하면, 자음소나 유음소로 끝나는 어간 뒤에서 '을' 또는 '르'이 삽입되는 사실을 설명할 수 없고, '르라', '르깨바'를 잠정 기저형이라고 하면, 자음소로 끝나는 어간 뒤에서 '으'가 삽입되는 사실을 설명할 수 없다.

이상의 논의를 통해서 (6b)에서 분석된 세 개의 교체형에 대한 기저형은 어미초가 '을'로 시작되는 '을라', '을깨바'이어야 함을 알 수 있다. 다시 말하면, 표준어의 활용어미 '-으러', '-을까봐'에 해당하는 이 지역어의 어미의 기저형은 각각 '/-을라/', '/-을깨바/'가 된다.

다음으로, 어미초가 '어'로 시작되는 어미의 기저형의 설정에 대해 논의하기로 한다. 다음에 제시되는 (7a)는 ( ) 속의 표준어에 대한 이 지역어의 음성형이고 (7b)는 그들 음성형을 어간과 어미로 분석한 것이다.

(7a)
㉮ 머거′두(먹어두), 사라′두(살아두), 줘′두(주어두(與))
㉯ 씨버′(서)(씹어(서)), 사라′서(살아서), 줘′서(주어서)
㉰ 머거′라(먹어라), 사라′라(살아라), 줘′라(주어라)
㉱ 주거′야(죽어야), 사라′야(살아야), 줘′야(주어야)
㉲ 머거′(먹었어), 노라′(놀았어), 줘′(주었어)[12]
㉳ 머거′래(먹으라니), 마가′래(막으라니), 줘′래(주라니)[13]

(7b)
㉮ 먹-어두, 살-아두, 쥬(cw)-어두
㉯ 씹-어(서), 살-아서, 쥬(cw)-어서
㉰ 먹-어라, 살-아라, 쥬(cw)-어라
㉱ 죽-어야, 살-아야, 쥬(cw)-어야
㉲ 먹-어, 살-아, 쥬(cw)-어
㉳ 먹-어래, 막-아래, 쥬(cw)-어래

---

12) 해라체의 의문법 종결어미이다. 과거시제를 나타낸다. 예 : 밥으 먹어?(밥을 먹었어?)
13) 해라체의 의문법 종결어미이다. 청자에게 허락을 구할 때 사용된다. 예 : 서답으 싳어래? (빨래를 빨까?)

(7b)의 형태분석을 통해서, 표준어의 활용어미 '-어도', '-어서', '-어라', '-어야', '-었어', '-으라니'에 해당하는 이 지역어의 활용어미는, (7b)㉮~㉶에서 보다시피 각각 두 개의 교체형 '[어두], [아두]', '[어서], [아서]', '[어라], [아라]', '[어야], [아야]', '[어], [아]', '[어래], [아래]'를 가진다는 것을 알 수 있다.

짝을 이루는 교체형들 중에서 '아'로 시작하는 것들은 어간말의 형태음소의 모음소가 'ㅏ'나 'ㅗ'인 어간 뒤에서 실현되며 '어'로 시작하는 것들은 어간말의 형태음소의 모음소가 'ㅏ'나 'ㅗ' 이외의 모음소인 어간 뒤에서 실현된다. 즉 이 지역어에서는 '어Y'를 취하는 어간이 더 많다. 그렇기 때문에 '어Y'를 기저형으로 정한다(4.1.2.3. 어미초 '어'의 '아'화 참조). '어'로 시작하는 것을 기저형으로 하면, 어간말의 형태음소의 모음소가 'ㅏ' 또는 'ㅗ'인 어간 뒤에서는 아무런 음운과정을 거치지 않기 때문에 그대로 실현된다. 그리고 어간말의 형태음소의 모음소가 'ㅏ'나 'ㅗ' 이외의 모음소인 어간 뒤에서 '어'가 '아'로 교체된다.

이상의 논의를 통해서 (7b)에서 분석된 두 개의 교체형에 대한 기저형은 어미초가 '어'로 시작되는 것이어야 함을 알 수 있다. 다시 말하면, 표준어의 활용어미 '-어도', '-어서', '-어라', '-어야', '-었어', '으라니'에 해당하는 이 지역어의 어미의 기저형은 각각 '/-어두/', '/-어(서)/', '/-어라/', '/-어야/', '/-어/', '/-어래/'가 된다.

3.1.2.2. 복합기저형

이 지역어에서 복합기저형을 가지는 활용어미는 이하의 몇 가지 유형의 것들이 있다.

먼저 어미초 복합형태음소(군) {ø-ㄴ}를 가지는 기저형의 설정에 대한 논의로부터 시작한다. 다음에 제시된 자료 (8a)는 ( ) 속의 표준어에 대한 이 지역어의 음성형이고 (8b)는 (8a)를 어간과 어미로 분석한 것이다.

(8a)

㉠ 멍는′데 (먹는데), 가′는데 (가는데), 야잔′는데 (낮았는데), 야즌′데 (낮
  은데)

㉡ 멍는′두 (먹는지), 가′는두 (가는지), 야잔′는두 (낮았는지), 야즌′두 (낮
  은지)

㉢ 중는′지 (죽는지), 사′는지 (사는지), 느전′는지 (늦었는지), 느즌′지 (늦
  은지)

㉣ 중능′가 (죽는가), 사′능가 (사는가), 느전′능가 (늦었는가), 느증′가 (늦
  은가)

(8b)

㉠ 멍–는데, 가–는데, 얏–았–는데, 얏–은데

㉡ 먹–는두, 가–는두, 얏–았–는두, 얏–은두

㉢ 죽–는지, 사–는지–, 늦–었–는지, 늦–은지

㉣ 죽–능가, 사–능가, 늦–었–능가, 늦–응가

  (8b)의 형태분석을 통해서, 표준어의 활용어미 '–{ø–ㄴ}은데', '–{ø
–ㄴ}은두', '–{ø–ㄴ}은지', '–{ø–ㄴ}은가'에 해당하는 이 지역어의
활용어미는, (8b)㉠~㉣에서 보다시피 각각 두 개의 교체형 '[는데], [은
데]', '[는두], [은두]', '[는지], [은지]', '[능가], [응가]'를 가진다는 것
을 알 수 있다. 짝을 이루는 교체형들 중에서 'ㄴ'으로 시작하는 것들은
동작동사 어간 및 선어말어미 뒤에서 실현되고, 모음소로 시작하는 것들
은 상태동사 어간 뒤에서 실현된다.

  두 개의 교체형 중에서 'ㄴ'로 시작하는 것을 잠정 기저형이라고 하
면, 상태동사 어간 뒤에서 'ㄴ'가 탈락되는 사실을 설명할 수 없고, 모음
소로 시작하는 것을 잠정 기저형이라고 하면, 동작동사 어간 및 선어말
어미 뒤에서 'ㄴ'가 삽입되는 사실을 설명할 수 없다. 즉 이 둘 중 어느
하나를 기저형으로 하여 다른 것의 도출을 설명할 수 없다. 그러므로 앞
에 제시된 기저형 설정 기준②㉡에 의해 '는'으로 시작하는 어미와 모음
소로 시작하는 어미는 모두 기저형으로 인정되어야 한다.

이상의 논의를 통해서 (8b)에서 분석된 두 개의 교체형에 대한 기저형은 ‘/-{ø-ㄴ}은데/’, ‘/-{ø-ㄴ}은두/’, ‘/-{ø-ㄴ}은지/’, ‘/-{ø-ㄴ}응가/’이어야 함을 알 수 있다. 다시 말하면, 표준어의 활용어미 ‘-{ø-ㄴ}은데’, ‘-{ø-ㄴ}은두’, ‘-{ø-ㄴ}은지’, ‘-{ø-ㄴ}은가’에 대한 이 지역어의 어미의 기저형은 각각 ‘/-{ø-ㄴ}은데/’, ‘/-{ø-ㄴ}은두/’, ‘/-{ø-ㄴ}은지/’, ‘/-{ø-ㄴ}응가/’가 된다. 여기에서 ‘/-{ø-ㄴ}은데/’, ‘/-{ø-ㄴ}은두/’, ‘/-{ø-ㄴ}은지/’, ‘/-{ø-ㄴ}응가/’ 중, 상태동사 어간 뒤에서는 ‘/-은데/’, ‘/-은두/’, ‘/-은지/’, ‘/-응가/’가 선택되고 동작동사 어간 및 선어말어미 뒤에서는 ‘/-는데/’, ‘/-는두/’, ‘/-는지/’, ‘/-능가/’가 선택된다.

다음으로, 어미초 복합형태음소(군) {{은-는}-ø}를 가지는 기저형의 설정에 대해 논의한다. 다음에 제시된 자료 (9a)는 ( ) 속의 표준어에 대한 이 지역어의 음성형이고 (9b)는 그들 음성형을 어간과 어미로 분석한 것이다.

(9a) 멍는다′(먹는다), 운′다(운다), 간′다(간다), 차′다(차다, 冷)
(9b) 먹-는다, 우-ㄴ다, 가-ㄴ다, 차-다

(9b)의 형태분석을 통해서, 표준어의 활용어미 ‘-{{은-는}-ø}다’에 해당하는 이 지역어의 활용어미는, (9b)에서 보다시피 세 개의 교체형 ‘[는다], [ㄴ다], [다]’를 가진다는 것을 알 수 있다. 이중 [ㄴ다]는, 한국어에서 음절은 반드시 모음을 포함해야 하기 때문에 음절구조 조건을 어기게 된다. 그렇기 때문에 ‘ㄴ다’는 ‘는다’와의 관계로부터 ‘은다’가 되어야 한다. ‘은다’는 모음소나 유음소로 끝나는 어간 뒤에서 ‘으’ 탈락 규칙이 적용되어 ‘ㄴ다’로 실현된다. 이들 교체형들 중에서 ‘다’는 상태동사 어간 뒤에서 실현되고, ‘는다’는 자음소로 끝나는 동작동사 어간

뒤에서 실현되고, '은다'는 모음소나 유음소로 끝나는 동작동사 어간 뒤에서 실현된다.

세 개의 교체형 중에서 '다'를 잠정 기저형이라고 하면, 동작동사 어간 뒤에서 '는' 또는 '은'이 삽입되는 사실을 설명할 수 없다. 그리고 '는다'를 잠정 기저형이라고 하면, 상태동사 어간 뒤에서 '는'이 탈락되는 사실과 유음소나 모음소로 끝나는 동작동사 어간 뒤에서 '는'이 '은'으로 교체되는 사실을 설명할 수 없다. 그리고 '은다'를 잠정 기저형이라고 하면, 상태동사 어간 뒤에서 '은'이 탈락되는 사실과 자음소로 끝나는 동작동사 어간 뒤에서 '은'이 '는'으로 교체되는 사실을 설명할 수 없다. 즉 이들 셋 중 어느 하나를 기저형으로 하여 다른 것의 도출을 설명할 수 없다. 그러므로 앞에 제시된 기저형 설정 기준②ㄴ에 의해 어미 '-는다', '-은다', '-다'는 모두 기저형으로 인정되어야 한다.

이상의 논의를 통해서 (9b)에서 분석된 세 개의 교체형에 대한 기저형은 '/-{{은-는}-ø}다/'이어야 함을 알 수 있다. 다시 말하면, 표준어의 활용어미 '-{{은-는}-ø}다'에 대한 이 지역어의 어미의 기저형은 '/-{{은-는}-ø}다/'가 된다. 여기에서 '/-{{은-는}-ø}다/' 중, 상태동사 어간 뒤에서는 '/-다/'가 선택되고 자음소로 끝나는 동작동사 어간 뒤에서는 '/-는다/'가 선택되며, 유음소나 모음소로 끝나는 동작동사 어간 뒤에서는 '/-은다/'가 선택된다.

다음으로, 어미초 복합형태음소(군) {ø-ㅅ}를 가지는 기저형의 설정에 대해 논의한다. 다음에 제시된 자료 (10a)는 ( ) 속의 표준어에 대한 이 지역어의 음성형이고 (10b)는 그들 음성형을 어간과 어미로 분석한 것이다.

(10a)
㉮ 먹씀′메 (먹어요), 곱′씀메 (고와요), 우′움메 (울어요), 크′음메 (커요)[14]

    ㉯ 먹씀′떼(먹던데요), 밉씀′떼(밉던데요), 우′웁떼(울던데요), 크′읍떼
      (크던데요)15)

    ㉰ 믿′쏘(믿소), 곱′쏘(곱소), 노′오(노오), 크′오(크오)16)

    ㉱ 믿′쑤다(믿습니다), 곱′쑤다(곱습니다), 노′우다(놉니다), 크′우다(큽
      니다)17)

(10b)
    ㉮ 먹-씀메, 곱-씀메, 우-움메, 크-음메
    ㉯ 먹-씀떼, 곱-씀떼, 우-웁떼, 크-읍떼
    ㉰ 믿-쏘, 곱-쏘, 노-오, 크-오
    ㉱ 믿-쑤다, 곱-쑤다, 노-우다, 크-우다

   (10b)의 형태분석을 통해서, 표준어의 활용어미 '-어요', '-던데요',
'-{ø-ㅅ}오', '-{ø-ㅅ}읍니다'에 해당하는 이 지역어의 활용어미는,
(10b)에서 보다시피 각각 두 개의 교체형 '[씀메], [음메]', '[씀떼], [읍
떼]', '[쏘], [오]', '[쑤다], [우다]'를 가진다는 것을 알 수 있다. 여기에
서 어두의 경음 'ㅆ'는 음성상으로는 'ㅆ'이지만, 짝을 이루는 교체형과
의 관계에서 보면 중세 한국어의 'ㅿ'에 기원을 둔 'ㅅ-ø'의 관계이고,
또한 자음소로 끝나는 어간과 평음소로 시작하는 어미가 통합할 때 어
미초의 경음소화 규칙이 적용되므로 편의상 평음소 'ㅅ'로부터 경음소화
규칙이 적용되어 실현된 것으로 본다. 짝을 이루는 이들 교체형들 중에서
'ㅅ'로 시작하는 어미는 자음소로 끝나는 어간 뒤에서 실현되고, 모음소

---

14) 하오체의 평서법, 의문법 종결어미이다. 하오체의 평서법, 의문법 종결어미로 '-오/소'
   가 더 있는데, '-오/소'보다 '-음메/슴메'가 더 많이 쓰이며, '-음메/슴메'는 평대, 존
   대에 모두 쓰인다.
   그리고 이 지역어에는 '/-{ø-ㅅ}음메/' 외에 '/-{ø-ㅅ}음메다/', '/-{ø-ㅅ}음메
   까/'가 더 있다. '/-{ø-ㅅ}음메다/', '/-{ø-ㅅ}음메까/'는 '/-{ø-ㅅ}음메/'에 비해
   공식적인 장소에서 높임의 상대에게 쓰는 평서법, 의문법 종결어미인데, 자주 사용되지
   는 않는다.
15) 하오체의 평서법, 의문법 종결어미이다. 회상을 나타낸다.
16) 하오체의 평서법, 의문법, 명령법 종결어미이다.
17) 하우다체의 평서법, 의문법, 명령법 종결어미이다.

로 시작하는 어미는 모음소나 유음소로 끝나는 어간 뒤에서 실현된다.

두 개의 교체형 중에서 'ㅅ'로 시작하는 어미를 잠정 기저형이라고 하면, 자음소로 끝나는 어간 뒤에서 어미초의 평음소가 경음소화 하여 [ㅆ]로 실현된다((10a)의 첫 번째와 두 번째 것). 하지만 모음소나 유음소로 끝나는 어간 뒤에서 어미초의 'ㅅ'이 탈락되는 사실을 설명할 수 없다. 그리고 모음소로 시작하는 어미를 잠정 기저형이라고 하면, 모음소로 끝나는 어간과 어미 '음메', '읍떼'가 통합하면 어미초의 '으'는 어간말 음절 모음소에 완전순행동화한 후 음성으로 실현되고(4.1.2.1. (C) 어미초 '으'의 완전순행동화 참조, (10a)㉮㉯의 네 번째 것) '오', '우다'와 통합할 때에는 아무런 음운과정도 거치지 않고 그대로 실현된다((10a)㉰㉱의 네 번째 것). 그리고 유음소로 끝나는 어간과 어미 '음메', '읍떼'가 통합하면 어간말의 'ㄹ'이 탈락된 후 '으'는 어간말 음절 모음소에 완전순행동화한 후 음성으로 실현된다(4.1.2.1. (C) 어미초 '으'의 완전순행동화 참조, (10a)㉮㉯의 세 번째 것). 그리고 '오', '우다'와 통합할 때는 어간말의 'ㄹ'이 탈락한 후 음성으로 실현된다((10a)㉰㉱의 세 번째 것, 4.2.2. 유음소탈락 참조). 하지만 자음소로 끝나는 어간 뒤에서 어미초에 'ㅅ'가 삽입되는 사실을 설명할 수 없다. 즉 이들 둘 중 어느 하나를 기저형으로 하여 다른 것의 도출을 설명할 수 없다. 그러므로 앞에 제시된 기저형 설정 기준②ㄴ에 의해 'ㅅ'로 시작하는 어미와 모음소로 시작하는 어미는 모두 기저형으로 인정되어야 한다.

이상의 논의를 통해서 (10b)에서 분석된 두 개의 교체형에 대한 기저형은 각각 '/-{ø-ㅅ}음메/', '/-{ø-ㅅ}읍떼/', '/-{ø-ㅅ}오/', '/-{ø-ㅅ}우다/'이어야 함을 알 수 있다. 다시 말하면, 표준어의 활용어미 '-어요', '-던데요', '-{ø-ㅅ}오', '-{ø-ㅅ}읍니다'에 대한 이 지역어의 기저형은 각각 '/-{ø-ㅅ}음메/', '/-{ø-ㅅ}읍떼/', '/-{ø-ㅅ}오/', '/-{ø-ㅅ}우다/'가 된다. 여기에서 '/-{ø-ㅅ}음메/', '/-{ø-ㅅ}읍떼/', '/-{ø-ㅅ}

오/', '/-{ø-ㅅ}우다/' 중, 자음소로 끝나는 어간 뒤에서는 '/-습메/', '/-습떼/', '/-소/', '/-수다/'가 선택되고 모음소나 유음소로 끝나는 어간 뒤에서는 '/-음메/', '/-읍떼/', '/-오/', '/-우다/'가 선택된다.

3.2. 어간의 기저형

어간의 기저형은 곡용어간과 활용어간으로 나누어 고찰한다.

3.2.1. 곡용어간의 기저형

먼저 곡용어간의 기저형에 대해 논의하기로 한다. 여기에서 제시되는 자료 즉 곡용형은 ( ) 속에 제시된 표준어의 곡용어간이 위에서 논의된 표준어의 곡용어미 '-{이-가}, -{ø-르}을, -에, -도, -보다'에 해당하는 이 지역어의 곡용어미 '-이, -{ø-르}으, -에, -두, -보다'와 통합할 때에 실현되는 이 지역어의 음성형이다.

3.2.1.1. 단일기저형

곡용어간이 단일기저형인 것은 어간말이 자음소로 끝나는 것과 모음소로 끝나는 것으로 구분한다. 먼저 어간이 자음소로 끝나는 것에 대해 논의하고 다음에 모음소로 끝나는 것에 대해서 논의한다.

(A) 자음소로 끝나는 어간

자음소로 끝나는 곡용어간의 기저형은 단일자음소로 끝나는 것과 자음소군으로 끝나는 것으로 구분한다. 먼저 단일자음소로 끝나는 어간 기저형에 대해 논의하고 다음에 자음소군으로 끝나는 어간 기저형에 대해서 논의한다.

(A-1) 단일자음소(유음소 포함)로 끝나는 어간

여기에서는 조음점을 기준으로 어간말이 양순음소로 끝나는 어간으로부터 시작하여 후음소로 끝나는 어간까지에 대해 논의한다. 이 경우의 기저형 설정은 앞에 제시된 기준 ①~③을 적용한다.

그러면 먼저 어간말이 양순음소로 끝나는 어간의 기저형의 설정으로부터 시작한다. 아래에 제시된 (1a)는 ( ) 속의 표준어 어간에 대한 이 지역어의 어간과 앞에 제시된 이 지역어의 어미가 통합할 때의 음성형이며 (1b)는 그들 음성형을 어간과 어미로 분석한 것이다. 양순음소 중 /ㅃ/로 끝나는 곡용어간은 이 지역어에 존재하지 않는다.

(1a)
㉮ /Xㅂ/류 : [이′비, 이′부, 이베′, 입′뚜, 입′뽀다] (입, 口)
㉯ /Xㅍ/류 : [아피′, 아푸′, 아페′, 압뚜′, 압뽀′다] (앞, 前)
㉰ /Xㅁ/류 : [보′미, 보′무, 보메′, 봄′두, 봄′보다] (봄, 春)

(1b)
㉮ /Xㅂ/류 : 입-이, 입-우, 입-에, 입-뚜, 입-뽀다
㉯ /Xㅍ/류 : 앞-이, 앞-우, 앞-에, 압-뚜, 압-뽀다
㉰ /Xㅁ/류 : 봄-이, 봄-우, 봄-에, 봄-두, 봄-보다

(1b)의 형태분석에서 어간이 자음소로 끝난다는 것을 알 수 있다. 그러므로 잠정 기저형은 앞에서 제시된 기저형 설정기준 ③ⓐ를 적용하여 모음소로 시작하는 어미와 통합하는 음성형에서 분석된 어간형의 교체형이라고 가정한다. 그러면 잠정 기저형은 ㉮ /입/, ㉯ /앞/, ㉰ /봄/이 된다. 이들 기저형에 어미 /-이/와 /-에/가 통합하면 아무런 음운과정을 거치지 않는다. 그 결과 실현되는 어간의 음성형은 (1a)㉮~㉰의 첫 번째

것과 세 번째 것과 일치한다. 다음으로 잠정 기저형과 어미 /ㅡ의/가 통합하면, 어미초의 /의/는 어간말의 양순음에 동화되어 양순음소 /우/로 된다. 그 결과 실현되는 어간의 음성형은 (1a)㉮~㉰의 두 번째 것과 일치한다.

이번에는 잠정 기저형과 자음소로 시작하는 어미 /ㅡ두/와 /ㅡ보다/가 통합한 경우를 보기로 한다. 이 경우에는 어간말의 /ㅍ/는 어미초의 자음소 앞에서 평파열음소화하여 /ㅂ/로 된다. 다음에 어간말의 /ㅂ/ 뒤에서 어미초의 /ㄷ/와 /ㅂ/는 경음소화하여 각각 /ㄸ/와 /ㅃ/로 된다. 그러나 어간말의 /ㅁ/ 뒤에서는 어미초의 /ㄷ/와 /ㅂ/는 경음소화하지 않는다. 그 결과 실현되는 어간의 음성형은 (1a)㉮~㉰의 네 번째나 다섯번째 것과 일치한다.

이상과 같은 검증 결과, 잠정 기저형 ㉮ /입/, ㉯ /앞/, ㉰ /봄/은 (1a) ㉮~㉰에 제시된 곡용형의 어간 기저형으로 합당하다는 것을 알 수 있다. 조사 자료에서 어간말 형태음소로 /ㅂ/, /ㅍ/, /ㅁ/를 가지는 곡용어간으로는 (1c)와 같은 것이 있다.

(1c)
㉮ /X비/류 : 집(집, 家), 곱(곱, 脂), 굽(굽, 底), 밥(밥, 飯) 등이 여기에 포함된다.
㉯ /X피/류 : 옆(옆, 側), 무릎(무릎, 膝) 등이 여기에 포함된다.
㉰ /X미/류 : 밤(밤, 夜), 몸(몸, 身), 지름(지름, 油), 감(감, 柿), 놈(놈, 者) 등이 여기에 포함된다.

다음으로 어간말이 치음소와 치조음소로 끝나는 어간의 기저형의 설정에 대해 논의하기로 한다. 다음에 제시되는 (2a)는 ( ) 속의 표준어 어간에 대한 이 지역어의 어간과 앞에 제시된 이 지역어의 어미가 통합할 때의 음성형이며 (2b)는 그들 음성형을 어간과 어미로 분석한 것이다. 치음소와 치조음소 중 /ㄸ/, /ㅆ/ 및 /ㅉ/로 끝나는 곡용어간은 이 지역어에 존재하지 않는다.

(2a)
㉮ /X ㄷ/류 : [나'디, 나'드, 나데', 낟'뚜, 납'뽀다] (낫, 鎌)
㉯ /X ㅌ/류 : [바티', 바트', 바테', 받뚜', 밥뽀'다] (밭, 田)
㉰ /X ㅅ/류 : [오'시, 오'스, 오세', 옫'뚜, 옵'뽀다] (옷, 衣)
㉱ /X ㄴ/류 : [도'이, 도'느, 도네', 돈'두, 돔'보다] (돈, 錢)
㉲ /X ㄹ/류 : [바'리, 바'르, 바레', 발'두, 발'보다] (발, 脚)
㉳ /X ㅈ/류 : [꼬지', 꼬즈', 꼬제', 꼳뚜', 꼽뽀'다] (꽃, 花)
㉴ /X ㅊ/류 : [나치', 나츠', 나체', 낟뚜', 납뽀'다] (낯, 顔)

(2b)
㉮ /X ㄷ/류 : 낟-이, 낟-으, 낟-에, 낟-뚜, 납-뽀다
㉯ /X ㅌ/류 : 밭-이, 밭-으, 밭-에, 받-뚜, 밥-뽀다
㉰ /X ㅅ/류 : 옷-이, 옷-으, 옷-에, 옫-뚜, 옵-뽀다
㉱ /X ㄴ/류 : 도-이, 돈-으, 돈-에, 돈-두, 돔-보다
㉲ /X ㄹ/류 : 발-이, 발-으, 발-에, 발-두, 발-보다
㉳ /X ㅈ/류 : 꽃-이, 꽃-으, 꽃-에, 꼳-뚜, 꼽-뽀다
㉴ /X ㅊ/류 : 낯-이, 낯-으, 낯-에, 낟-뚜, 납-뽀다

(2b)의 형태분석에서 어간이 자음소로 끝난다는 것을 알 수 있다. 그러므로 잠정 기저형은 앞에서 제시된 기저형 설정기준 ③ⓐ를 적용하여 모음소로 시작하는 어미와 통합하는 음성형에서 분석된 어간형의 교체형이라고 가정한다. 그러면 잠정 기저형은 ㉮ /낟/, ㉯ /밭/, ㉰ /옷/, ㉱/돈/, ㉲/발/, ㉳/꽃/, ㉴/낯/이 된다. 이들 기저형에 어미 /-이/가 통합하면, 이 지역어에서 /ㄴ/으로 끝나는 곡용어미는 주격이미 /-이/ 앞에서 /ㄴ/이 탈락하기 때문에 /돈/은 [도이]가 되며(4.2.1.2. 'ㅇ(ŋ)' 또는 'ㄴ' 탈락 참조), 다른 것들은 아무런 음운과정을 거치지 않는다. 그 결과 실현되는 어간의 음성형은 (2a)㉮~㉴의 첫 번째 것과 일치한다. 다음으로 잠정 기저형과 어미 /-으/ 및 /-에/와 통합하면, 이들은 아무런 음운과정도 거치지 않는다. 그 결과 실현되는 어간의 음성형은 (2a)㉮~㉴의 두 번째

것, 세 번째 것과 일치한다.

이번에는 잠정 기저형과 자음소로 시작하는 어미 /-두/와 /-보다/가 통합한 경우를 보기로 한다. 이 경우 어간말의 /ㅌ/, /ㅅ/, /ㅈ/, /ㅊ/는 어미초의 자음소 앞에서 평파열음소화하여 /ㄷ/으로 되며, 평파열음소화한 어간말의 /ㄷ/ 뒤에서 어미초의 /ㄷ/와 /ㅂ/는 경음소화하여 각각 /ㄸ/와 /ㅃ/로 된다. 다음으로 어간말의 /ㄷ/는 어미초의 양순음소 /ㅂ/에 동화되어 양순음소 /ㅂ/로 된다. 한편 어간말의 /ㄴ/는 어미초의 양순음소 /ㅂ/에 동화되어 양순음소 /ㅁ/로 된다. 그러나 어미초의 /ㄷ/는 어간말의 /ㄴ/ 뒤에서 경음소화하지 않는다. 그리고 앞의 어간말 자음소들과는 달리 어간말의 /ㄹ/은 어미초의 자음소에 영향을 받지도 않고 어미초 자음소에 영향을 주지도 않는다. 그 결과 실현되는 어간의 음성형은 (2a)㉠~㉠의 네 번째나 다섯 번째 것과 일치한다.

이상과 같은 검증 결과, 잠정 기저형 ㉮ /낟/, ㉯ /밭/, ㉰ /옷/, ㉱/돈/, ㉲/발/, ㉳/꽃/, ㉴/낮/은 (2a)㉮~㉴에 제시된 곡용형의 어간 기저형으로 합당하다는 것을 알 수 있다. 조사 자료에서 어간말 형태음소로 /ㄷ/, /ㅌ/, /ㅅ/, /ㄴ/, /ㄹ/, /ㅈ/, /ㅊ/를 가지는 곡용어간으로는 (2c)와 같은 것이 있다.

(2c)
㉮ /Xㄷ/류 : 몯(못, 釘) 등이 여기에 속한다.
㉯ /Xㅌ/류 : 밑(밑, 底), 끝(끝, 末) 등이 여기에 속한다.
㉰ /Xㅅ/류 : 맛(맛, 味) 등이 여기에 속한다.
㉱ /Xㄴ/류 : 논(논, 畓), 손(손, 手), 반(방, 房), 마단(마당, 庭), 갠(강, 江)[18] 등이 여기에 속한다.
㉲ /Xㄹ/류 : 쌀(쌀, 米) 등이 여기에 속한다.
㉳ /Xㅈ/류 : 젖(젖, 乳), 낮(낮, 晝) 등이 여기에 속한다.
㉴ /Xㅊ/류 : 헝겊(헝겊, 布) 등이 여기에 속한다.

---

18) 이 지역어에서 표준어의 '방, 마당, 강'에 해당하는 어간은 '방, 마당, 강'과 '반, 마단, 갠'의 두 가지 형태로 쓰인다.

　다음으로 어간말이 연구개음소로 끝나는 어간의 기저형의 설정에 대해 논의하기로 한다. 다음에 제시되는 (3a)는 ( ) 속의 표준어 어간에 대한 이 지역어의 어간과 앞에 제시된 이 지역어의 어미가 통합할 때의 음성형이며 (3b)는 그들 음성형을 어간과 어미로 분석한 것이다. 연구개음소 중 /ㅋ/나 /ㄲ/로 끝나는 곡용어간은 이 지역어에 존재하지 않는다.[19)]

(3a)

㉮ /Xㄱ/류 : [소′기, 소′그, 소게′, 속′뚜, 속′뽀다] (속, 內)

㉯ /Xㅇ/류 : [산타′이, 산타′아, 산타′에, 산탕′두, 산탕보′다] (사탕, 糖)

(3b)

㉮ /Xㄱ/류 : 속−이, 속−으, 속−에, 속−뚜, 속−뽀다

㉯ /Xㅇ/류 : 산타−이, 산타−아, 산타−에, 산탕−두, 산탕−보다

　(3b)의 형태분석에서 어간이 자음소로 끝난다는 것을 알 수 있다. 그러므로 (3b)㉮의 잠정 기저형은 앞에서 제시된 기저형 설정기준 ③ⓐ를 적용하여 모음소로 시작하는 어미와 통합하는 음성형에서 분석된 어간형의 교체형이라고 가정한다. 그러면 잠정 기저형은 ㉮ /속/이 된다. 먼저 이 기저형에 어미 /−이/, /−에/, /−으/가 통합하면, 아무런 음운과정을 거치지 않는다. 그 결과 실현되는 어간의 음성형은 (3a)㉮의 첫 번째 ~ 네 번째 것과 일치한다. 이번에는 잠정 기저형과 자음소로 시작하는 어미 /−두/와 /−보다/가 통합한 경우를 보기로 한다. 이 경우에는 어간말의 /ㄱ/ 뒤에서 어미초의 /ㄷ/와 /ㅂ/는 경음소화하여 각각 /ㄸ/와 /ㅃ/로 된다. 그 결과 실현되는 어간의 음성형은 (3a)㉮의 네 번째나 다섯 번째 것과 일치한다.

　그리고 (3a)㉯의 어간도 자음소로 끝나므로 잠정 기저형은 모음소로 시작하는 어미와 통합하는 음성형에서 분석된 어간형의 교체형이라고 가정

---

19) 어간말에 'ㅋ, ㄲ'를 가지는 표준어 곡용어간 '부엌, 밖'에 해당하는 이 지역어는 '가매목, 배같'이다.

한다. 그러면 잠정 기저형은 ㉯ /산타/가 된다. 하지만 /산타/를 잠정 기저형으로 하면 모음소로 끝나게 되며, 또한 자음소로 시작하는 어미와 통합할 때 /ㅇ/이 삽입되어 /산탕/으로 되는 것을 설명할 수 없게 된다. 때문에 이 경우에는 자음소로 시작하는 어미와 통합하는 음성형에서 분석된 교체형을 잠정 기저형이라고 가정한다. 그러면 잠정 기저형은 ㉰ /산탕/이 된다. 먼저 이 기저형에 주격어미 /─이/, 처격어미 /─에/가 통합하면 어간말의 /ㅇ/이 탈락되면서 그 앞의 모음을 비모음소화 시킨다(4.2.1.2. 'ㅇ(ŋ)' 또는 'ㄴ' 탈락 참조). 그 결과 실현되는 음성형은 (3a)㉰의 첫 번째, 세 번째 것과 일치한다. 그리고 대격어미 /─으/와 통합하면 어간말의 /ㅇ/이 탈락되면서 그 앞의 모음을 비모음화 시킨 후에 어미초의 /으/는 어간말 음절의 모음소 /아/에 동화되어 /아/로 된다(4.1.2.1. (C) 어미초 '으'의 완전순행 동화 참조). 그 결과 실현되는 음성형은 (3a)㉰의 두 번째 것과 일치한다. 그리고 자음소로 시작하는 어미와 통합할 때에는 아무런 음운과정을 거치지 않는다. 그 결과 실현되는 어간의 음성형은 (3a)㉰의 네 번째와 다섯 번째 것과 일치한다.

이상과 같은 검증 결과, 잠정 기저형 ㉮ /속/, ㉯ /콩/은 (3a)㉮~㉯에 제시된 곡용형의 어간 기저형으로 합당하다는 것을 알 수 있다. 조사 자료에서 어간말 형태음소로 /ㄱ/, /ㅇ/를 가지는 곡용어간으로는 (3c)와 같은 것이 있다.

(3c)
㉮ /Xㄱ─/류 : 국(국, 湯), 가매목(부엌, 竈) 등이 여기에 포함된다.
㉯ /Xㅇ─/류 : 방(방, 房), 장(장, 市場), 똥(똥, 大便), 콩(콩, 豆), 지벙(지붕, 頂), 지둥(기둥, 柱) 등이 여기에 포함된다.

끝으로 어간말이 후음소로 끝나는 어간의 기저형 설정인데, 이 지역어에는 후음소로 끝나는 곡용어간이 없다.

(A-2) 자음소군으로 끝나는 어간

이 지역어에 존재하는 곡용어간말 자음소군으로는 /ㄱㅆ/, /ㅂㅆ/, /ㄹㅆ/, /ㄺ/, /ㄼ/, /ㅇㄲ/이 있다. 이 중 /ㄹㅆ/, /ㅇㄲ/를 가지는 어간은 복합기저형이므로 뒤에서 논의하기로 하고, 여기에서는 어간말 자음소군 /ㄱㅆ/, /ㅂㅆ/, /ㄺ/, /ㄼ/을 가지는 어간의 곡용형의 설정에 대해 논의한다. 다음에 제시되는 (4a)는 ( ) 속의 표준어 어간에 대한 이 지역어의 어간과 앞에 제시된 이 지역어의 어미가 통합할 때의 음성형이며 (4b)는 그들 음성형을 어간과 어미로 분석한 것이다.

(4a)

㉮ /Xㄱㅆ/류 : [넉'씨, 넉'쓰, 넉'뚜, 넉'뽀다] (넋, 魂)

㉯ /Xㅂㅆ/류 : [갑'씨, 갑'쓰, 갑'뚜, 갑'뽀다] (값, 價)

㉰ /Xㄺ/류 : [달기', 달그', 닥뚜', 닥뽀'다] (닭, 鷄)

㉱ /Xㄼ/류 : [야들'비, 야들'부, 야듭'뚜, 야듭'뽀다] (여덟, 八)

(4b)

㉮ /Xㄱㅆ/류 : 넋ㅆ-이, 넋ㅆ-으, 넉-뚜, 넉-뽀다,

㉯ /Xㅂㅆ/류 : 값ㅆ-이, 값ㅆ-으, 갑-뚜, 갑-뽀다

㉰ /Xㄺ/류 : 닭-이, 닭-으, 닥-뚜, 닥-뽀다

㉱ /Xㄼ/류 : 야듧-이, 야듧-우, 야듭-뚜, 야듭-뽀다

(4b)의 형태분석에서 어간이 자음소로 끝난다는 것을 알 수 있다. 그러므로 잠정 기저형은 앞에서 제시된 기저형 설정기준 ③ⓐ를 적용하여 모음소로 시작하는 어미와 통합하는 음성형에서 분석된 어간형의 교체형이라고 가정한다. 그러면 잠정 기저형은 ㉮ /넋ㅆ/, ㉯ /값ㅆ/, ㉰ /닭/, ㉱ /야듧/이 된다. 이들 기저형에 모음소로 시작하는 어미 /-이/와 /-으/가 통합하면 아무런 음운과정을 거치지 않는다. 그 결과 실현되는 어간의 음성형은 (4a)㉮~㉱의 첫 번째 것과 두 번째 것과 일치한다.

이번에는 잠정 기저형과 자음소로 시작하는 어미 /-두/와 /-보다/가

통합한 경우를 보기로 한다. 이 경우 어간말의 /ㄳ/, /ㅄ/, /ㄺ/, /ㄼ/은 어미초의 자음소 앞에서 평파열음소화 하여 /ㄱ/, /ㅂ/, /ㄱ/, /ㅂ/으로 되며, 평파열음소화한 어간말의 /ㄱ/와 /ㅂ/ 뒤에서 어미초의 /ㄷ/와 /ㅂ/는 경음소화하여 각각 /ㄸ/와 /ㅃ/로 된다. 그 결과 실현되는 어간의 음성형은 (4a)㉮~㉣의 세 번째나 네 번째 것과 일치한다.

이상과 같은 검증 결과, 잠정 기저형 ㉮/넋/, ㉯/값/, ㉰/닭/, ㉣/야듧/은 (4a)㉮~㉣에 제시된 곡용형의 어간 기저형으로 합당하다는 것을 알 수 있다. 조사 자료에서 어간말 형태음소로 /ㄺ/를 가지는 곡용어간으로 /흙(土)/이 더 있고 그 외는 더 이상 발견되지 않는다.

(B) 모음소로 끝나는 어간

이 지역어에서 모음소로 끝나는 곡용어간들 중에서 음운과정에 관여하는 어간으로는 '이'로 끝나는 곡용어간이다. 먼저 '이'로 끝나는 곡용어간에 대해 논의한다.

다음에 제시되는 (5a)는 ( ) 속의 표준어 어간에 대한 이 지역어의 어간과 앞에 제시된 이 지역어의 어미가 통합할 때의 음성형이며 (5b)는 그들 음성형을 어간과 어미로 분석한 것이다.

    (5a) /X이/류 : [구시', 구시'르, 구세', 구시'두, 구시'보다] (구유, 槽)
    (5b) /X이/류 : 구시-ø, 구시-르, 구스-에, 구시-두, 구시-보다

(5b)의 형태분석에 의하면 어간은 모두 모음소로 끝난다. 그러므로 잠정 기저형은 앞에서 제시된 기저형 설정기준 ③ⓒ를 적용하여 자음소로 시작하는 어미와 통합하는 음성형에서 분석된 교체형이라고 가정한다. 그렇게 되면 (5a)의 잠정 기저형은 ㉮/구시/가 된다. 이 잠정 기저형에 자음소로 시작하는 어미 /-두/와 /-보다/가 통합하면 아무런 음운과정도 거치지 않는다. 그 결과 실현되는 어간의 음성형은 (5a)의 네 번째 것

과 다섯 번째 것과 일치한다.

이번에는 잠정 기저형과 모음소로 시작하는 어미 /-이/, /-{ø-르}으/와 /-에/가 통합하는 경우를 보기로 한다. 먼저 잠정 기저형에 주격어미 /-이/가 통합하면 어미 /-이/가 탈락된다. 그것은 표준어에서는 주격어미가 /-이/와 /-가/가 있어 모음소로 끝나는 어간과 통합할 때에는 /-가/가 선택되는 반면, 이 지역어에는 주격어미가 /-이/만 있으며 모음소로 끝나는 어간 뒤에서는 주격어미가 탈락되는 것이 일반적이기 때문이다. 그 결과 실현되는 어간의 음성형은 (5a)의 첫 번째 것과 일치한다. 다음으로 잠정 기저형과 이 지역어의 대격어미 /-{ø-르}으/가 통합하는 경우에는, 어간이 모음소로 끝났기 때문에 /-으/와 /-르/ 두 개의 어미 중 /-르/가 선택되며, 잠정 기저형과 /-르/가 통합할 때 이들은 아무런 음운과정도 거치지 않는다. 그 결과 실현되는 어간의 음성형은 (5a)의 두 번째 것과 일치한다. 한편, 처격어미 /-에/와 통합하면, 이 지역어에서 모음소 /이/로 끝나는 곡용어미는 처격어미 /-에/ 앞에서 활음소화하기 때문에 /구시/는 /구셰/가 되며 /구셰/는 다시 활음소탈락이 일어나 [구세]가 된다(4.1.2.2. 활음소화 참조). 그 결과 실현되는 어간의 음성형은 (5a)의 세 번째 것과 일치한다.

이상과 같은 검증 결과, 잠정 기저형 /구시/는 (5a)에 제시된 곡용형의 어간 기저형으로 합당하다는 것을 알 수 있다. 조사 자료에서 어간말 형태음소로 /이/를 가지는 곡용어간으로는 (5c)와 같은 것이 있다.

(5c)
/X이/류 : 패끼(팥, 赤豆), 머리(머리, 頭), 둥기(독, 水罐), 짐치(김치, 沈菜),
　　　　 모시(모이, 餌), 나이(나이, 歲) 등이 여기에 포함된다.

이 지역어에서 모음소로 끝나는 곡용어간으로는 '이'로 끝나는 어간 외에 '애, 에, 으, 우, 유, 오, 요, 아'로 끝나는 어간들이 더 있다. '이'로 끝나는 어간 이외의 다른 모음소로 끝나는 이들 곡용어간은 어미와 통합할 때 아무런 음운과정도 거치지 않고 바로 실현된다. 조사자료에서 어간말 형태음소로 /애/, /에/, /의/, /우/, /유/, /오/, /요/, /아/를 가지는 곡용어간으로는 (6)과 같은 것들이 있다.

(6)
㉮ /X에/류 : 베(벼, 稻), 게(겨, 糠), 처에(청어, 鯖), 페(폐, 肺) 등이 여기에 포함된다.
㉯ /X애/류 : 구새(굴뚝, 窓), 그림재(그림자, 影), 배(베, 褐), 가새(가위, 剪) 등이 여기에 포함된다.
㉰ /X의/류 : 댄스(텔레비전, TV) 등이 여기에 포함된다.
㉱ /X우/류 : 구쥬(구두, 靴), 우두(우두, 牛痘) 등이 여기에 포함된다.
㉲ /X유/류 : 우유(우유, 牛乳) 등이 여기에 포함된다.
㉳ /X오/류 : 포도(포도, 葡萄), 수도(수도, 水道) 등이 여기에 포함된다.
㉴ /X요/류 : 요(褥), 핵교(학교, 學校) 등이 여기에 포함된다.
㉵ /X아/류 : 사가(사과, 苹), 아(아이, 孩), 자(재), 가(개) 등이 여기에 포함된다.

3.2.1.2. 복합기저형

곡용어간은 복합기저형을 가지는 어간이 많지 않다. 이 지역어에는 어간말 복합형태소(군) {ø−이}를 가지는 어간이 있다. 여기에서 그 기저형 설정에 대해 논의하기로 한다. 다음에 제시된 자료 (7a)는 ( ) 속의 어간에 대한 이 지역어의 어간과 앞에 제시된 이 지역어의 어미가 통합할 때의 음성형이며 (7b)는 그들 음성형을 어간과 어미로 분석한 것이다.

(7a)
㉮ /X{ø−이}/류 : [영끼′, 영끄′, 영께′게, 영끼′두, 영끼′보다] (여우, 狐)
㉯ /X{ø−이}/류 : [돌′씨, 돌′쓰, 돌′쩨, 돌′씨두, 돌′씨보다] (돌, 周歲)
㉰ /X{ø−이}/류 : [잘기′, 잘그′, 잘게′, 잘기′두, 잘기′보다] (자루, 袋/柄)

(7b)

㉮ /X{ø-이}/류 : 옒-이, 옒-으, 옒-에게, 영끼-두, 영끼-보다
㉯ /X{ø-이}/류 : 돐-이, 돐-으, 돐-에, 돌씨-두, 돌씨-보다
㉰ /X{ø-이}/류 : 잙-이, 잙-으, 잙-에, 잘기-두, 잘기-보다

(7b)의 형태분석을 통해서, (7b) ㉮~㉰의 어간은, 각각 두 개의 교체형 '[옒], [영끼]', '[돐], [돌씨]', '[잙], [잘기]'를 가진다는 것을 알 수 있다. 짝을 이루는 이들 교체형들 중에서 '옒', '돐', '잙'은 모음소로 시작하는 어미 앞에서 실현되고, 주격 결합형인 '영끼', '돌씨', '잘기'는 자음소로 시작하는 어미 앞에서 실현된다.

두 개의 교체형 중에서 '옒', '돐', '잙'을 잠정 기저형이라고 하면, 자음소로 시작하는 어미 앞에서 '이'가 삽입되는 사실을 설명할 수 없다. 그리고 주격 결합형인 '영끼', '돌씨', '잘기'를 잠정 기저형이라고 하면, 모음소로 시작하는 어미 앞에서 어간말의 '이'가 탈락되는 사실을 설명할 수 없다. 즉 이들 둘 중 어느 하나를 기저형으로 하여 다른 것의 도출을 설명할 수 없다. 그러므로 앞에 제시된 기저형 설정 기준②ㄴ에 의해 '옒', '돐', '잙'과 그 주격형인 '영끼', '돌씨', '잘기'는 모두 기저형으로 인정되어야 한다.

이상의 논의를 통해서 (7b)에서 분석된 두 개의 교체형에 대한 기저형은 각각 '/옒{ø-이}/', '/돐{ø-이}/', '/잙{ø-이}/'이어야 함을 알 수 있다. 여기에서 '/옒{ø-이}/', '/돐{ø-이}/', '/잙{ø-이}/' 중, 모음소로 시작하는 어미 앞에서는 /옒/, /돐/, /잙/이 선택되고 모음소로 시작하는 어미 앞에서는 /영끼/, /돌씨/, /잘기/가 선택된다. 이 지역어에서 어간말 형소음소로 {ø-이}를 가지는 곡용어간으로는 (7c)와 같은 것이 있다.[20]

---

20) 곽충구(2000)에서도 언급된 바 있지만, 이 지역어에도 명사의 끝에 '-이'가 첨가되는 현상이 있다. 자음 조사 앞에서 주격 결합형이 나타나는 것은, 화자가 심리적으로 주격 결합형을 단독형으로 인식하고 있기 때문인 것으로 보인다.

(7c) /X{ø-이}/류 : 슧{ø-이}(숯, 炭), 뮦{ø-이}(무우, 蔔), 윢{ø-
      이}(윷, 柶), 낡{ø-이}(나무, 木), 갉{ø-이}(가루,
      粉) 등이 여기에 포함된다.

3.2.2. 활용어간의 기저형

여기에서는 활용어간의 기저형에 대해 논의하기로 한다. 제시되는 활
용형은 ( ) 속에 제시된 표준어의 활용어간이 위에서 논의된 표준어의
활용어미 ‘-{ø-ㄴ}은다, -고, -더라, -으니까, -어도’에 해당하는
이 지역어의 곡용어미 ‘-{ø-ㄴ}은다, -구, -더라, -으이까디, -어
두’와 통합할 때에 실현되는 이 지역어의 음성형이다.

3.2.2.1. 단일기저형

활용어간이 단일기저형인 것은 어간말이 자음소로 끝나는 것과 모음
소로 끝나는 것으로 구분한다. 먼저 어간이 자음소로 끝나는 것에 대해
논의하고 다음에 모음소로 끝나는 것에 대해서 논의한다.

(A) 자음소로 끝나는 어간
자음소로 끝나는 활용어간의 기저형은 단일자음소로 끝나는 것과 자
음소군으로 끝나는 것으로 구분한다. 먼저 단일자음소로 끝나는 어간 기
저형에 대해 논의하고 다음에 자음소군으로 끝나는 어간 기저형에 대해
서 논의한다.

(A-1) 단일자음소(유음소 포함)로 끝나는 어간
여기에서는 조음점을 기준으로 어간말이 양순음소로 끝나는 어간으로
부터 시작하여 후음소로 끝나는 어간까지에 대해 논의한다.
먼저 어간말이 양순음소로 끝나는 기저형의 설정으로부터 논의한다.

아래에 제시된 (1a)는 ( ) 속의 표준어 어간에 대한 이 지역어의 어간과 앞에 제시된 이 지역어의 어미가 통합할 때의 음성형이며 (1b)는 그들 음성형을 어간과 어미로 분석한 것이다. 양순음소 중 /ㅃ/로 끝나는 활용 어간은 이 지역어에 존재하지 않는다.

(1a)
㉮ /Xㅂ-/류 : [엄는다′, 억꾸′, 업떠′라, 어부′무, 어버′두] (업-, 負)
㉯ /Xㅍ-/류 : [덤는다′, 덕꾸′, 덥떠′라, 더푸′무, 더퍼′두] (덮-, 覆)
㉰ /Xㅁ-/류 : [담′는다, 당′꾸, 담′떠라, 다무′무, 다마′두] (담-, 盛)

(1b)
㉮ /Xㅂ-/류 : 엄-는다, 억-꾸, 업-떠라, 업-우무, 업-어두
㉯ /Xㅍ-/류 : 덤-는다, 덕-꾸, 덥-떠라, 덮-우무, 덮-어두
㉰ /Xㅁ-/류 : 담-는다, 당-꾸, 담-떠라, 담-우무, 담-아두

(1b)의 어간은 모두 자음소로 끝나므로 잠정 기저형은 각각 /어/로 시작하는 어미와 통합하는 교체형이라고 가정한다. 그러면 잠정 기저형은 ㉮ /업-/, ㉯ /덮-/, ㉰ /담-/이 된다. 이들 기저형에 어미 /-는다/가 통합하면, 어간말의 /ㅍ/는 어미초의 자음소 앞에서 평파열음소화하여 /ㅂ/로 되며 어간말의 /ㅂ/는 어미초의 비음소 /ㄴ/에 동화되어 /ㅁ/로 된다. 그러나 어간말의 /ㅁ/는 아무런 음운과정을 거치지 않는다. 그 결과 실현되는 어간의 음성형은 (1a)㉮~㉰의 첫 번째 것과 일치한다. 다음으로 잠정 기저형과 어미 /-구/가 통합하면, 어간말의 /ㅍ/는 어미초의 자음소 앞에서 /ㅂ/로 되고 다시 어간말의 /ㅂ/는 어미초의 연구개음소 /ㄱ/에 동화되어 연구개음소 /ㄱ/로 된다. 그리고 어간말의 /ㅁ/는 어미초의 연구개음소 /ㄱ/에 동화되어 연구개음소 /ㅇ/으로 된다. 그 결과 실현되는 어간의 음성형은 (1a)㉮~㉰의 두 번째 것과 일치한다.

이번에는 잠정 기저형과 어미 /-더라/가 통합한 경우를 보기로 한다. 이 경우에 어간말의 /ㅍ/는 어미초의 /ㄷ/ 앞에서 평파열음소화 하여 /ㅂ/

로 된다. 그 다음에 어간말의 /ㅂ/나 /ㅁ/는 아무런 음운과정을 거치지 않는다. 그 결과 실현되는 어간의 음성형은 (1a)㉮~㉰의 세 번째 것과 일치한다. 끝으로 잠정 기저형에 어미 /-으무/나 /-어두/가 통합하면, 어간말 자음소는 아무런 음운과정을 거치지 않는다. 그러나 어미초의 /의/는 어간말의 양순음소에 동화되어 /우/로 된다. 그 결과 실현되는 어간의 음성형은 (1a)㉮~㉰의 네 번째나 다섯 번째 것과 일치한다.

　이상과 같은 검증 결과, 잠정 기저형 ㉮ /업-/, ㉯ /덮-/, ㉰ /담-/은 (1a)㉮~㉰에 제시된 활용형의 어간 기저형으로 합당하다는 것을 알 수 있다. 조사 자료에서 어간말 형태음소로 /ㅂ/, /ㅍ/, /ㅁ/를 가지는 활용어간으로는 (1c)와 같은 것이 있다.

(1c)
㉮ /Xㅂ-/류 : 잡-(잡-, 捕), 맵-(맵-, 辛), 덥-(덥-, 暑), 돕-(돕-, 助), 깁-(깁-, 縫), 마랍-(마렵-, 尿), 미섭-(무섭-, 恐), 어즈럽-(어지럽-, 亂) 등이 있다. 표준어에서의 소위 'ㅂ-변칙동사'들도 모두 여기에 포함된다.
㉯ /Xㅍ-/류 : 갚-(갚-, 報), 높-(높-, 高), 짚-(깊-, 深), 싶-(싶-, 望) 등이 여기에 포함된다.
㉰ /Xㅁ-/류 : 감-(감-, 捲), 삼-(삼-, 編), 넘-(넘-, 越), 숨-(숨-, 隱), 다듬-(다듬-, 整) 등이 여기에 포함된다.

　다음으로 어간말이 치음소와 치조음소로 끝나는 기저형의 설정에 대해 논의하기로 한다. 아래에 제시된 (2a)는 ( ) 속의 표준어 어간에 대한 이 지역어의 어간과 앞에 제시된 이 지역어의 어미가 통합할 때의 음성형이며 (2b)는 그들 음성형을 분석한 것이다. 치음소 중에 /ㅉ/와 /ㅆ/로 끝나는 활용어간은 이 지역어에 존재하지 않는다.[21]

---

21) 표준어의 '있-'에 해당하는 이 지역어는 '잇-'이다. 'ㅅ'으로 끝나는 어간 참조.

(2a)

㉮ /Xㄷ-/류 : [민′는다, 믹′꾸, 믿′떠라, 미드′무, 미더′두] (믿-, 信)
㉯ /Xㅌ-/류 : [만는다′, 막꾸′, 맏떠′라, 마트′무, 마타′두] (맡-, 任)
㉰ /Xㅅ-/류 : [인′는다, 익′꾸, 읻′떠라, 이스′무, 이서′두] (잇-, 連)
㉱ /Xㄴ-/류 : [안′는다, 앙′꾸, 안′떠라, 아느′무, 아나′두] (안-, 抱)
㉲ /Xㄹ-/류 : [산′다, 살′구, 사′더라, 살′무, 사라′두] (살-, 住)
㉳ /Xㅈ-/류 : [는는다′, 늑꾸′, 느떠′라, 느즈′무, 느저′두] (늦-, 晩)
㉴ /Xㅊ-/류 : [진′는다, 직′꾸, 짇′떠라, 지츠′무, 지처′두] (짖-, 吠)

(2b)

㉮ /Xㄷ-/류 : 민-는다, 믹-꾸, 믿-떠라, 믿-으무, 믿-어두
㉯ /Xㅌ-/류 : 만-는다, 막-꾸, 맏-떠라, 맡-으무, 맡-아두
㉰ /Xㅅ-/류 : 인-는다, 익-꾸, 읻-떠라, 잇-으무, 잇-어두
㉱ /Xㄴ-/류 : 안-는다, 앙-꾸, 안-떠라, 안-으무, 안-아두
㉲ /Xㄹ-/류 : 산-다, 살-구, 사-더라, 살-무, 살-아두
㉳ /Xㅈ-/류 : 는-는다, 늑-꾸, 느-떠라, 늦-으무, 늦-어두
㉴ /Xㅊ-/류 : 진-는다, 직-꾸, 짇-떠라, 짖-으무, 짖-어두

(2b)는 활용어간이 모두 자음소(유음소 포함)로 끝나고 있음을 보여준다. 그러므로 각 활용어간의 잠정 기저형은 /어/로 시작하는 어미와 통합하는 교체형이라고 가정한다. 그렇게 되면 각 어간의 잠정 기저형은 ㉮/믿-/, ㉯/맡-/, ㉰/잇-/, ㉱/안-/, ㉲/살-/, ㉳/늦-/, ㉴/짖-/이 된다.

이들 어간의 잠정 기저형에 어미 /-는다/(어간말 /ㄹ/ 뒤에는 /-은다/)가 통합하면, 어미초의 /ㄴ/ 앞에서 어간말의 /ㅌ/, /ㅅ/, /ㅈ/, /ㅊ/는 평파열음소화하여 /ㄷ/로 되며 어간말 /ㄹ/ 뒤에서 어미초의 /으/가 탈락하고 다시 어미초의 /ㄴ/(/으/가 탈락된 다음의) 앞에서 어간말의 /ㄹ/가 탈락한다. 그리고 어간말의 /ㄷ/와 평파열음소화에 의한 /ㄷ/는 비음소화하여 /ㄴ/로 된다. 그 다음에는 음운과정을 거칠 것이 없으므로 음성으로 실현되는데, 그때의 어간 음성형은 (2a)㉮~㉴의 첫 번째 것과 동일하다.

다음으로 어간의 잠정 기저형에 어미 /-구/가 통합하면, 어미초의 /ㄱ/

앞에서 어간말의 자음소는 평파열음소화하여 /ㄷ/로 되고 다시 어간말의 /ㄷ/와 평파열음소화에 의한 /ㄷ/ 그리고 어간말의 /ㄴ/는 어미초의 /ㄱ/ 앞에서 연구개음소화하여 /ㄱ/와 /ㅇ/로 된다. 그 뒤에는 음운과정을 거칠 것이 없으므로, 음성으로 실현되는데, 그 때의 어간 음성형은 (2a) ㉮~㉯의 두 번째 것과 동일하다.

이번에는 어간의 잠정 기저형에 어미 /-더라/가 통합하는 경우를 보기로 한다. 이 경우에 유음소를 제외한 어간말의 자음소는 어미초의 /ㄷ/ 앞에서 평파열음소화하여 /ㄷ/로 되며 그 뒤에는 음운과정을 거칠 것이 없으므로 음성으로 실현된다. 그리고 어간말이 유음소로 끝나는 어간은 어미초의 /ㄷ/ 앞에서 음운론적 제약에 의해 /ㄹ/이 탈락한다(4.2.2. 유음소 탈락 참조). 그 때의 어간 음성형은 (2a)㉮~㉯의 세 번째 것과 동일하다.

끝으로 어간의 잠정 기저형에 어미 /-으무/나 /-어두/가 통합하면, 어간의 잠정 기저형 ㉯에만 음운과정이 일어난다. 잠정 기저형 ㉯의 경우, 어미 /-으무/와 통합할 때에는 어간말의 /ㄹ/ 뒤에서 어미초의 /으/가 탈락하므로 어간은 더 이상 음운과정을 거치지 않는다. 그 다음에는 모든 어간은 더 이상 음운과정을 거치지 않으므로 음성으로 실현되는데, 그 때의 어간 음성형은 (2a)㉮~㉯의 네 번째나 다섯 번째 것과 동일하다.

이상과 같은 검증 결과, 잠정 기저형 ㉮/민-/, ㉯/맡-/, ㉰/잇-/, ㉱/안-/, ㉲/살-/, ㉳/늦-/, ㉴/잦-/은 (2a)㉮~㉯에 제시된 활용형의 어간 기저형으로서 합당하다는 것을 알 수 있다. 조사 자료에서 어간말 형태음소로 /ㄷ/, /ㅌ/, /ㄸ/, /ㄴ/, /ㄹ/, /ㅈ/, /ㅊ/를 가지는 활용어간으로는 (2c)와 같은 것이 있다.

(2c)
㉮ /Xㄷ-/류 : 뜯-(뜯-, 摘), 닫-(닫-, 閉), 받-(뱉-, 唾), 묻-(묻-,

埋), 얻-(얻-, 得) 등 소위 모든 'ㄷ-정칙동사'들이 여
기에 속한다.

㉯ /Xㅌ-/류 : 얕-(얕-, 淺), 붙-(붙-, 着) 등이 여기에 포함된다.

㉰ /Xㅅ-/류 : 낫-(낫-, 愈), 줏-(줍-, 拾), 빗-(빗-, 梳), 웃-(웃-,
笑), 뺏-(벗-, 脫), 쏫-(훔치-, 抹) 등이 여기에 포함
된다.

㉱ /Xㄴ-/류 : 신-(신-, 履), 끈-(끊-, 切) 등이 여기 포함된다.

㉲ /Xㄹ-/류 : 날-(날-, 飛), 울-(울-, 泣), 얼-(얼-, 凍), 말-(말,
捲), 불-(불-, 吹), 빨-(빨-, 吮), 쫄-(줄-, 朘), 쓸-
(쓸-, 掃), 팔-(팔-, 賣), 즐-(질-, 泥), 자불-(졸-,
睡), 드물-(드물-, 稀), 망글-(만들, 作), 가물-(가물-,
旱), 허툴-(서투르-, 未熟), 헝클-(헝클-, 使凝) 등이
여기에 포함된다.

㉳ /Xㅈ-/류 : 낮-(낮-, 低), 젖-(젖-, 潤), 맺-(맺-, 結) 등이 여기
에 포함된다.

㉴ /Xㅊ-/류 : 싳-(씻-, 洗), 쫓-(쫓-, 追) 등이 여기에 포함된다.

　다음으로 어간말이 연구개음소로 끝나는 기저형의 설정에 대해 논의
한다. 아래에 제시된 (3a)는 (　) 속의 표준어 어간에 대한 이 지역어의
어간과 앞에 제시된 이 지역어의 어미가 통합할 때의 음성형이며 (3b)는
그들 음성형을 분석한 것이다. 연구개음소 중에 /ㅋ/나 /ㅇ/로 끝나는 활
용어간은 이 지역어에 존재하지 않는다.

(3a)
㉮ /Xㄱ-/류 : [멍는'다, 먹꾸', 먹떠'라, 머그'무, 머거'두] (먹-, 食)
㉯ /Xㄲ-/류 : [깡는'다, 깍꾸', 깍떠'라, 까끄'무, 까까'두] (깍-, 削)

(3b)
㉮ /Xㄱ-/류 : 멍-는다, 먹-꾸, 먹-떠라, 먹-으무, 먹-어두
㉯ /Xㄲ-/류 : 깡-는다, 깍-꾸, 깍-떠라, 깎-으무, 깎-아두

(3b)에서 분석된 활용어간이 자음소로 끝나고 있으므로, 어간의 잠정 기저형은 /어/로 시작하는 어미와 통합하는 교체형이라고 가정한다. 그러면 각 어간의 잠정 기저형은 각각 ㉮/먹-/과 ㉯/깎-/이 된다. 이들 잠정 기저형에 어미 /-는다/가 통합하면, 먼저 어간말의 /ㄲ/는 어미초의 /ㄴ/ 앞에서 평파열음소화하여 /ㄱ/로 되며, 다음으로 어간말의 /ㄱ/는, 어미초의 /ㄴ/ 앞에서 비음소화하여 /ㅇ/로 된다. 그 다음에는 더 이상 음운과정을 거칠 것이 없으므로 음성으로 실현되는데, 그 때의 어간 음성형은 (3a)㉮, ㉯의 첫 번째 것과 동일하다.

다음으로 어간의 잠정 기저형에 어미 /-구/와 /-더라/가 통합하면, 어간말의 /ㄲ/는 어미초의 자음소 앞에서 평파열음소화하여 /ㄱ/로 된다. 그 뒤에 더 이상 음운과정을 거칠 것이 없으므로 음성으로 실현된다. 그 때의 어간 음성형은 (3a)㉮, ㉯의 두 번째와 세 번째 것과 동일하다.

끝으로 어간의 잠정 기저형에 어미 /-으무/나 /어두/가 통합하면, 어간말 자음소는 아무런 음운과정을 거치지 않기 때문에 음성으로 실현된다. 그 때의 어간 음성형은 (3a)㉮, ㉯의 네 번째와 다섯 번째 것과 동일하다.

이상과 같은 검증 결과, 잠정 기저형 ㉮/먹-/과 ㉯/깎-/은 (3a)㉮, ㉯에 제시된 활용형의 어간 기저형으로서 합당하다는 것을 알 수 있다. 조사 자료에서 어간말 형태음소로 /ㄱ/나 /ㄲ/를 가지는 활용어간으로는 (3c)와 같은 것이 있다.

(3c)
㉮ /Xㄱ-/류 : 막- (막-, 防), 죽- (죽-, 死), 썩- (썩-, 腐), 익- (익-, 熟) 등이 여기에 포함된다.
㉯ /Xㄲ-/류 : 묶- (묶-, 束), 낚- (낚-, 釣), 꺾- (꺽-, 折) 등이 여기에 포함된다.

끝으로 어간말이 후음소로 끝나는 기저형의 설정을 보기로 한다. 아래에 제시된 (4a)는 ( ) 속의 표준어 어간에 대한 이 지역어의 어간과 앞에 제시된 이 지역어의 어미가 통합할 때의 음성형이며 (4b)는 그들 음성형을 분석한 것이다. 이 지역어의 활용어간말이 가지는 후음소에는 /ㅎ/와 /ㆆ/가 있다.

(4a)
㉮ /Xㅎ-/류 : [난는다′, 나쿠′, 나터′라, 나아무′, 나아′두] (낳-, 産)
㉯ /Xㆆ-/류 : [분는다′, 부꾸′, 부떠′라, 부우′무, 부어′두] (붓-, 注)

(4b)
㉮ /Xㅎ-/류 : 난-는다, 낳-구, 낳-더라, 나-아무, 나-아두
㉯ /Xㆆ-/류 : 분-는다, 붕-구, 붕-더라, 부-우무, 부-어두

(4b)㉮, ㉯에서 /어/로 시작하는 어미와 통합한 활용형을 보면, 어간형이 모음소로 끝난다. 그러나 자음소로 시작하는 어미와 통합한 활용형을 보면, 어미초의 평자음소가 유기음이나 경음으로 실현된다. 이 경우에는 기준 ③ⓑ를 적용하여 그들의 잠정 기저형을 각각 ㉮/낳-/, ㉯/붕-/라고 가정하고 그것이 합당한가를 검증해 보기로 한다.

먼저 어간의 잠정 기저형에 어미 /-는다/가 통합하면, 어간말의 /ㅎ/와 /ㆆ/는 어미초의 /ㄴ/ 앞에서 평파열음소하여 모두 /ㄷ/로 되고 다시 /ㄷ/는 어미초의 /ㄴ/에 동화되어 /ㄴ/로 된다. 그 다음에는 다른 음운과정을 거치지 않으므로 음성으로 실현되는데, 그 때의 음성형은 (4a)㉮, ㉯의 첫 번째 것과 동일하다.

다음으로 어간의 잠정 기저형에 어미 /-구/나 /-더라/와 통합하면, 어간말의 /ㅎ/와 /ㆆ/는 어미초의 /ㄱ/나 /ㄷ/와 통합하여 각각 /ㅋ/, /ㅌ/와 /ㄲ/, /ㄸ/로 된다. 그 다음에는 다른 음운과정을 거치지 않으므로 음성으로 실현되는데, 그 때의 음성형은 (4a)㉮, ㉯의 두 번째와 세 번째

것과 동일하다.

끝으로 어간의 잠정 기저형에 어미 /-으무/나 /-어두/가 통합하면, 어간말의 /ㅎ/와 /ㆆ/는 두 모음소 사이에서 탈락한다. 그 다음 /-으무/와 통합할 때에는 어미초의 '으'가 어간말 모음소에 동화되어 각각 [아]와 [우]로 되며(4.1.2.1. (C) 어미초 '으'의 완전순행동화 참조), /-어두/와 통합할 때에는 더 이상 음운과정을 거치지 않으므로 음성으로 실현되는데, 그 때의 음성형은 (4a)㉮, ㉯의 네 번째와 다섯 번째 것과 동일하다.

이상과 같은 검증 결과, 어간의 잠정 기저형 ㉮ /낳-/, ㉯ /붛-/는 각각 (4a)㉮와 ㉯에 제시된 활용형의 어간 기저형으로서 합당하다는 것을 알 수 있다. 조사 자료에서 어간말 형태음소로 /ㅎ/나 /ㆆ/를 가지는 활용어간으로는 (4c)와 같은 것이 있다.

(4c)
　㉮ /Xㅎ-/류 : 땋- (땋-, 辮), 엫- (넣-, 入), 찧- (찧-, 搗), 끟- (긋-,
　　　　劃) 등이 여기에 포함된다.
　㉯ /Xㆆ-/류 : 짛- (짓-, 作), 붛- (붓-, 腫) 등이 여기에 포함된다.

(A-2) 자음소군으로 끝나는 어간

이 지역어에 존재하는 활용 어간말 자음소군으로는 /ㅄ/, /ㄵ/, /ㄸ/, /ㄺ/, /ㄻ/, /ㅁ/, /ㄶ/, /ㅀ/, /ㅀ/, /ㅇㅎ/이 있다. 여기서는 먼저 어간말 자음소군 /ㅄ/, /ㄵ/, /ㄸ/, /ㄺ/, /ㄻ/, /ㅁ/을 가지는 어간의 기저형 설정에 대해서 논의하고 다음에 어간말 자음소군 /ㄶ/, /ㅀ/, /ㅀ/, /ㅇㅎ/을 가지는 어간의 기저형 설정에 대해서 논의하기로 한다.

먼저 어간말 자음소군 /ㅄ/, ㄵ/, /ㄸ/, /ㄺ/, /ㄻ/, /ㅁ/을 가지는 어간의 기저형 설정에 대해 논의하기로 한다. 아래에 제시된 (5a)는 ( ) 속의 표준어 어간에 대한 이 지역어의 어간과 앞에 제시된 이 지역어의 어미가 통합할 때의 음성형이며 (5b)는 그들 음성형을 분석한 것이다.

(5a)

㉮ /Xᄡ-/류 : [업′따, 억′꾸, 업′떠라, 업′스무, 업′서두22)] (없-, 無)

㉯ /Xᄔ-/류 : [안는다′, 앙꾸′, 안떠′라, 안즈′무, 안자′두] (앉-, 坐)

㉰ /Xᄚ-/류 : [훌룬다′, 훌꾸′, 훌떠′라, 훌투′무, 훌터′두] (훑-, 扱)

㉱ /Xᆲ-/류 : [봄′는다, 복′꾸, 봅′떠라, 볼부′무, 볼바′두] (밟-, 踏)

㉲ /Xᆰ-/류 : [막따′, 막꾸′, 막떠′라, 말그′무, 말가′두] (맑-, 淸)

㉳ /Xᆱ-/류 : [굼′는다, 궁′꾸, 굼′떠라, 굼무′무, 굼머′두] (굶-, 飢)

(5b)

㉮ /Xᄡ-/류 : 업-따, 억-꾸, 업-떠라, 없-으무, 없-어두

㉯ /Xᄔ-/류 : 안-는다, 앙-꾸, 안-떠라, 앉-으무, 앉-아두

㉰ /Xᄚ-/류 : 훌-룬다, 훌-꾸, 훌-떠라, 훑-으무, 훑-어두

㉱ /Xᆲ-/류 : 봄-는다, 복-꾸, 봅-떠라, 밟-으무, 밟-아두

㉲ /Xᆰ-/류 : 막-따, 막-꾸, 막-떠라, 맑-으무, 맑-아두

㉳ /Xᆱ-/류 : 굼-는다, 궁-꾸, 굼-떠라, 굶-우무, 굶-어두

(5b)의 형태분석에서 어간이 자음소로 끝난다는 것을 알 수 있다. 그러므로 잠정 기저형은 /어/로 시작하는 어미와 통합한 어간 형태로 하고 거기에 기준 ③ⓑ를 적용하면 ㉮~㉳의 잠정 기저형은 ㉮/없-/, ㉯/앉-/, ㉰/훑-/, ㉱/밟-/, ㉲/맑-/, ㉳/굶-/이 된다.

이들 잠정 기저형에 자음소로 시작하는 어미가 통합하면, 어간말 자음소군은 단순화된다. 즉 어간말 자음소군 /ᄡ/, /ᄔ/, /ᄚ/, /ᆲ/, /ᆰ/, /ᆱ/은 /ㅂ/, /ㄴ/, /ㄹ/, /ㅂ/, /ㄱ/, /ㅁ/로 된다. 다음 자음소군단순화에 의한 어간말의 /ㅂ/, /ㄱ/는 어미초의 비음소 /ㄴ/에 동화되어 각각 /ㅁ/, /ㅇ/로 된다. 다음에 자음소군단순화에 의한 어간말의 /ㄹ/는 어미초의 /ㄴ/ 앞에서 탈락되어야 하지만, 그렇게 되면 어간의 의미를 알 수 없게 된다. 그 때문에 예상과는 달리 그 경우에는 어간말의 /ㄹ/는 그대로 있고 어미초 /ㄴ/가 유음소화한다(4.1.1.2. (D) 유음소화 참조). 그 다음에 어간말 자

____

22) 이 지역어에서 'ㅂ-ㅅ'의 연쇄에 있어서, '없-'의 경우에만 경음소화 하지 않는 특이한 점이 발견된다. 예 : [업서두](없어도), [갑씨](값이), [곱쏘](곱소),

음소는 더 이상의 음운과정을 거치지 않으므로 음성으로 실현된다. 실현되는 어간의 음성형은 (5a)㉮~㉻의 첫 번째 것과 같다. 그리고 어미초의 /ㄱ/ 앞에서 자음소군단순화에 의해 남게 된 /ㅂ/, /ㄴ/, /ㅁ/는 연구개음소화에 의해 각각 /ㄱ/, /ㅇ/, /ㅇ/로 된다. 그 다음에 어간말 자음소는 더 이상의 음운과정을 거치지 않으므로 음성으로 실현된다. 그 때의 어간 음성형은 (5a)㉮~㉻의 두 번째 것과 같다. 그리고 어미초의 /ㄷ/ 앞에서 자음소군단순화에 의해 남게 된 /ㅂ/, /ㄴ/, /ㄹ/, /ㄱ/, /ㅁ/은 더 이상의 음운과정을 거치지 않고 음성으로 실현된다. 그 때 실현되는 어간의 음성형은 (5a)㉮~㉻의 세 번째 것과 같다.

다음으로 모음소로 시작하는 어미와 통합하면, 어간말 자음소군은 아무런 음운과정을 거치지 않으므로 음성으로 실현된다. 그러므로 실현되는 어간의 음성형은 (5a)㉮~㉻의 네 번째와 다섯 번째 것과 같다.

이상의 검증 결과, 어간의 잠정 기저형 ㉮/없-/, ㉯/앉-/, ㉰/훑-/, ㉱/넓-/, ㉲/맑-/, ㉻/굶-/은 각각 (5a)㉮~㉻에 제시된 활용형의 어간 기저형으로서 합당하다는 것을 알 수 있다. 조사 자료에서 어간말 형태음소로 /ㅄ/, /ㄵ/, /ㄾ/, /ㄼ/, /ㄺ/, /ㄻ/을 가지는 활용어간으로는 (5c)와 같은 것이 있다.

(5c)

㉮ /Xㅄ-/류 : 없-(없-, 無) 등이 여기에 포함된다.

㉯ /Xㄵ-/류 : 얹-(얹-, 載) 등이 여기에 포함된다.

㉰ /Xㄾ-/류 : 훑-(훑-, 扱) 등이 여기에 포함된다.

㉱ /Xㄼ-/류 : 얇-(엷-, 薄), 떫-(떫-, 澁), 굵-(굵-, 太), 뚧-(뚫-, 穿), 넓-(부럽-, 歡) 등이 여기에 포함된다.

㉲ /Xㄺ-/류 : 밝-(밝-, 明), 긁-(긁-, 搔), 읽-(읽-, 讀) 등이 여기에 포함된다.

㉻ /Xㄻ-/류 : 삶-(삶-, 亨), 곪-(곪-, 膿), 닮-(닮-, 似), 옮-(옮-, 遷), 젊-(젊-, 年小) 등이 여기에 포함된다.

다음으로 어간말 자음소군 /ᄚ/, /ᄚ/, /ᄚ/, /ᄚ/을 가지는 어간에 대해
논의하기로 한다. 여기에서 /ᄚ/, /ᄚ/을 가지는 어간은 이 지역어에서 복
합기저형을 가지므로 여기서는 /ᄚ/, /ᄚ/을 가지는 어간에 대해서만 논
의한다. 아래에 제시된 (6a)는 ( ) 속의 표준어 어간에 대한 이 지역어의
어간과 앞에 제시된 이 지역어의 어미가 통합할 때의 음성형이며 (6b)는
그들 음성형을 분석한 것이다.

(6a)
㋐ /Xᄚ-/류 : [알른다′, 알쿠′, 알터′라, 아르′무, 아라′두] (앓-, 痛)
㉯ /Xᄚ-/류 : [실′른다, 실′꾸, 실′떠라, 시르′무, 시러′두] (싣-, 載)

(6b)
㋐ /Xᄚ-/류 : 알-른다, 앓-구, 앓-더라, 알-으무, 알-아두
㉯ /Xᄚ-/류 : 실-른다, 실-꾸, 실-떠라, 실-으무, 실-어두

(6b)의 형태분석에 의하면, 어간이 자음소로 끝나는 것임을 알 수 있
다. 따라서 각 어간의 잠정 기저형은 /어/로 시작하는 어미와 통합하는
형태 즉, ㋐/알-/, ㉯/실-/이 된다. 그런데 (6a)에서 자음소로 시작하는
어미와 통합할 때에 어미초의 자음소가 유기음이나 경음으로 실현되므
로, 기저형 설정기준 ③ⓑ를 적용하면 잠정 기저형은 ㋐/앓-/, ㉯/싫-/
이 된다. 이제 이들 잠정 기저형이 (6a)의 활용형을 보이는 어간이 기저
형으로서 합당한 것인가를 검증해보아야 한다.

먼저 잠정 기저형에 어미 /-는다/가 통합하면, 어미초의 /ㄴ/ 앞에서
어간말의 자음소군 /ᄚ/, /ᄚ/은 모두 /ㄹ/로 단순화한다. 다음에 자음소
군 단순화에 의한 어간말의 /ㄹ/는 어미초의 /ㄴ/ 앞에서 탈락되어야 하
지만, 그렇게 되면 어간의 의미를 알 수 없게 된다. 그 때문에 예상과는
달리 그 경우에는 어간말의 /ㄹ/은 그대로 있고 어미초 /ㄴ/이 유음소화
한다(4.1.1.2. (D) 유음소화 참조). 이제 더 이상 어간말 자음소는 음운과정을

거치지 않으므로 음성으로 실현된다. 그 때의 어간 음성형은 (6a)의 첫
번째 것과 같다.

다음으로 잠정 기저형에 어미 /-구/나 /-더라/가 통합하면, 어간말의
/ㅎ/, /ㆆ/와 어미초의 /ㄱ/, /ㄷ/는 축약되어 각각 /ㅋ/, /ㅌ/와 /ㄲ/, /ㄸ/로
된다. 여기까지의 음운과정이 끝나면 어간은 더 이상의 음운과정을 거치
지 않으므로 음성으로 실현된다. 이때의 어간 음성형은 (6a)의 두 번째
와 세 번째 것과 같다.

끝으로 잠정 기저형에 어미 /-으무/이나 /-어두/가 통합하면, 두 모
음소 사이에서 어간말의 /ㅎ/나 /ㆆ/는 탈락한다. 그 다음에 어간은 더
이상의 음운과정을 거치지 않으므로 음성으로 실현된다. 그 결과 실현되
는 어간 음성형은 (6a)의 네 번째와 다섯 번째 것과 같다.

이상의 검증 결과, 잠정 기저형 ㉮/앓-/, ㉯/싫-/은 각각 (6a)㉮~㉰
에 제시된 활용형의 어간 기저형으로서 합당하다는 것을 알 수 있다. 조
사 자료에서 어간말 형태음소로 /ㅀ/, /ㅄ/를 가지는 활용어간으로는 (6c)
와 같은 것이 있다.

(6c)
  ㉮ /Xㅀ-/류 : 닳- (닳-, 磨), 땋- (따르-, 隨), 핥- (핥-, 舐), 슳-
         (슳-, 屑), 잃- (잃-, 失) 등이 여기에 포함된다.
  ㉯ Xㅀ-/류 : 걿- (걷-, 步), 묳- (묻-, 問), 붉- (붇-, 增), 듫- (듣-,
         聞), 깨닳- (깨닫-, 悟) 등 소위 표준어의 'ㄷ'변칙동사들
         이 여기에 포함된다.

(B) 모음소로 끝나는 어간

모음소로 끝나는 어간은 단모음소로 끝나는 것과 이중모음소로 끝나
는 것으로 나눌 수 있다. 이 지역어에서 모음소로 끝나는 활용어간의 경
우, 어간말 모음소 중 단모음소로는 /이/, /에/, /애/, /의/, /어/, /우/, /오/,

/아/가 있고 이중모음소로는 /위/, /왜/, /웨/가 있다. 그러나 어간이 모음소로 끝나는 경우에 어간이 거치는 음운과정은 어간말의 모음소에 한정되므로, 어간말 이중모음소 /위/, /왜/, /웨/가 거치는 음운과정은 어간말 단모음소 /이/, /애/, /에/가 거치는 음운과정과 동일하다. 그러므로 여기서는 이중모음소 /위/와 /왜/, /웨/로 끝나는 어간은 각각 단모음소 /이/나 /애/, /에/로 끝나는 어간과 함께 다루기로 한다.

다음에 제시되는 (7a)는 ( ) 속의 표준어 어간에 대한 이 지역어의 어간과 앞에 제시된 이 지역어의 어미가 통합할 때의 음성형이며 (7b)는 그들 음성형을 어간과 어미로 분석한 것이다.

(7a)
㉮ /X이-/류 : [긴′다, 끼′구, 끼′더라, 끼′무, 께′두] (끼-, 揷)
㉯ /X에-/류 : [켄다′, 케구′, 케더′라, 케무′, 케두′] (켜-, 發火)
㉰ /X애-/류 : [깬′다, 깨′구, 깨′더라, 깨′무, 깨′두] (깨-, 破)
㉱ /X으-/류 : [뜬′다, 뜨′구, 뜨′더라, 뜨′무, 떠′두] (뜨-, 浮)
㉲ /X어-/류 : [선다′, 서구′, 서더′라, 서무′, 서두′] (서-, 立)
㉳ /X우-/류 : [준′다, 주구′, 주′더라, 주무′, 줘′두] (주-, 與)
㉴ /X오-/류 : [온′다, 오구′, 오′더라, 오무′, 와′두] (오-, 來)
㉵ /X아-/류 : [잔′다, 자구′, 자더′라, 자무′, 자′두] (자-, 宿)

(7b)
㉮ /X이-/류 : 끼-ㄴ다, 끼-구, 끼-더라, 끼-무, ㄲ-에-두23)
㉯ /X에-/류 : 케-ㄴ다, 케-구, 케-더라, 케-무, ㅋ-에-두
㉰ /X애-/류 : 깨-ㄴ다, 깨-구, 깨-더라, 깨-무, ㄲ-애-두
㉱ /X으-/류 : 뜨-ㄴ다, 뜨-구, 뜨-더라, 뜨-무, ㄸ-어두
㉲ /X어-/류 : 서-ㄴ다, 서-구, 서-더라, 서-무, ㅅ-어두
㉳ /X우-/류 : 주-ㄴ다, 주-구, 주-더라, 주-무, 주-어두
㉴ /X오-/류 : 오-ㄴ다, 오-구, 오-더라, 오-무, 오-아두
㉵ /X아-/류 : 자-ㄴ다, 자-구, 자-더라, 자-무, ㅈ-아두

---

23) '-xy-'는 어간말음과 어미초음이 구별되지 않음을 나타낸다.

(7b)의 형태분석에 의하면 어간은 모두 모음으로 끝난다. 이 경우에는 앞에서 제시된 기저형 설정기준 ④를 적용하여 자음소로 시작하는 어미와 통합한 어간형을 잠정 기저형으로 가정한다. 그렇게 되면 (7a)㉮~㉯의 잠정 기저형은 ㉮/끼-/, ㉯/케-/, ㉰/깨-/, ㉱/뜨-/, ㉲/서-/, ㉳/주-/, ㉴/오-/, ㉯/자-/가 된다.

이들 잠정 기저형이 합당한가를 검증해보기로 한다. 먼저 ㉮~㉯의 잠정 기저형에 어미 /-은다/나 /-으무/가 통합하면, 어간말의 모음소 뒤에서 어미초의 /으/가 탈락한다. 이 뒤에는 어떠한 음운과정도 거치지 않으므로 음성으로 실현된다. 그 때에 실현되는 음성형은 (7a)㉮~㉯의 첫 번째나 네 번째 것과 동일하다.

다음에 잠정 기저형에 어미 /-구/나 /-더라/가 통합하면, 어간은 아무런 음운과정을 거치지 않으므로 음성으로 실현된다. 그 때에 실현되는 어간의 음성형은 (7a)㉮~㉯의 두 번째나 세 번째 것과 동일하다.

끝으로 잠정 기저형에 어미 /-어두/가 통합하면, 먼저 어미초의 /어/는 잠정 기저형 ㉴와 ㉯의 어간말 모음소 /오/와 /아/ 뒤에서 /아/로 된다. 다음에 잠정 기저형 ㉮의 어간말 모음소 /이/는 활음소화하여 /j/로 된다. 그리고 활음소화에 의한 /j/와 어미초의 /어/가 통합한 이중모음소 /여/는 축약하여 /에/로 된다. 그리고 잠정 기저형 ㉯와 ㉰의 어간말 모음소 /에/와 /애/ 뒤에서 어미초의 /어/는 완전순행동화하여 /에/와 /애/로 된다. 그리고 잠정 기저형 ㉱와 ㉲의 어간말 모음소 /으/와 /어/는 어미초의 /어/ 앞에서 탈락한다.

한편 잠정 기저형 ㉳와 ㉴의 어간말 모음소 /우/와 /오/는 더 이상의 음운과정을 거치지 않거나 어미초의 /어/와 /아/ 앞에서 활음소화하여 /w/로 된다. 그리고 잠정 기저형 ㉯의 어간말의 /아/는 어미초의 /아/앞에서 탈락한다. 그 뒤에 어간은 더 이상 거쳐야 할 음운과정이 없으므로

음성으로 실현된다. 그 때의 어간 음성형은 (7a)㉮~㉩의 다섯 번째 것과
동일하다.

　이상의 검증 결과, 잠정 기저형 ㉮/끼-/, ㉯/케-/, ㉰/깨-/, ㉱/뜨-/,
㉲/서-/, ㉳/주-/, ㉴/오-/, ㉵/자-/는 각각 (7a)㉮~㉩에 제시된 활용형
의 어간 기저형으로서 합당하다는 것을 알 수 있다. 조사 자료에서 어간
말 형태음소로 /이/, /에/, /애/, /으/, /어/, /우/, /오/, /아/를 가지는 활용어
간으로는 (7c)와 같은 것이 있다.

(7c)
　㉮ /X이-/류 : 기- (기-, 匍腹), 모이- (모이-, 集), 디디- (딛-, 踏),
　　　　　　　　웽기- (옮기-, 遷), 기다리- (기다리-, 待), 뛰디리-
　　　　　　　　(두드리-, 敲), 느러지- (느리-, 緩), 튀- (튀-, 跳), 쉬-
　　　　　　　　(쉬-, 休) 등이 여기에 포함된다.
　㉯ /X에-/류 : 메- (메-, 擔), 베- (베-, 枕), 페- (펴-, 伸), 꿰- (꿰-,
　　　　　　　　貫通) 등이 여기에 포함된다.
　㉰ /X애-/류 : 배- (배-, 狹), 지대- (기대-, 依支), 문대- (문지르-,
　　　　　　　　摩擦), 쇄- (쇠-, 老) 등이 여기에 포함된다.
　㉱ /X으-/류 : 끄- (끄-, 削), 쓰- (쓰-, 書), 가트- (같-, 如), 따르-
　　　　　　　　(따르-, 隨) 등이 여기에 포함된다.
　㉲ /X어-/류 : 써- (켜-, 鋸) 등이 여기에 포함된다.
　㉳ /X우-/류 : 누- (누-, 尿), 두- (두-, 置), 쑤- (쑤-, 造粥), 소꾸-
　　　　　　　　(솎-, 間引), 저누- (겨누-, 照準) 등이 여기에 포함된다.
　㉴ /X오-/류 : 꼬- (꼬-, 索), 보- (보-, 視), 쏘- (쏘-, 射) 등이 여기
　　　　　　　　에 포함된다.
　㉵ /X아-/류 : 가- (가-, 去), 차- (차-, 冷), 타- (타-, 乘), 만나-
　　　　　　　　(만나-, 逢), 모자라- (모자라-, 不足) 등이 여기에 포
　　　　　　　　함된다.

3.2.2.2. 복합기저형

먼저 어간말 복합형태음소(군) {ø-래}를 가지는 기저형의 설정에 대

한 논의로부터 시작한다. 다음에 제시된 자료 (8a)는 ( ) 속의 어간에 대한 이 지역어의 어간과 앞에 제시된 이 지역어의 어미가 통합할 때의 음성형이며 (8b)는 그들 음성형을 어간과 어미로 분석한 것이다.

(8a) /X{ø-래}-/류 : [아이′다, 아이′구, 아이′더라, 아이′무, 아이′래두](否)
(8b) /X{ø-래}-/류 : 아이-다, 아이-구, 아이-더라, 아이-무,
　　　　　　　　　　　아이-래-두

(8b)의 형태분석에 의하면, 어미 /-(으)CY/ 앞에서는 어간형이 '아이-'라는 것이 분명하지만, /-어/로 시작하는 어미 앞에서는 어간형을 어떻게 분석해야 할 것인지를 쉽게 결정할 수 없다. 다만 다음과 같은 세 가지 분석을 가정할 수 있다. '아이르-애두'와 '아이-래두'와 '아이래-두'가 그것이다. 그런데 어미 /-(으)CY/ 앞에서 실현되는 어간형과 /-어/로 시작하는 어미 앞에서 실현하는 어간형 중 어느 것도 어간의 기저형이 모음소나 자음소 중 어느 하나로 끝난다고 할 수 없다. 이 문제에 대해서는 최명옥(2006b : 416~418)에 자세히 논의된 바가 있다. 여기에서는 그 논의를 받아들여 어미 /-어/로 시작하는 어미와 통합하는 3개의 교체형 중에서 가장 적합한 교체형은 '아이래-'라고 한다. 이 교체형은 /어/로 시작하는 어미 앞에 선택되고 자음소나 /-으/로 시작하는 어미 앞에서는 교체형 /아이-/가 선택되는 것으로 본다. 그러므로 (8a)의 활용을 보이는 어간의 기저형은 어휘화된 교체형 /아이-/와 /아이래-/를 가지며 그것은 복합기저형 /아이{ø-래}-/로 표시된다. 이 지역어에서 어간말 형태음소(군)로 {ø-래}를 가지는 것으로는 (8c)의 것이 있다.

(8c) /X{ø-래}-/류 : 이{ø-래}- (이-, 繫)

다음으로 어간말 복합형태음소 {우-으}를 가지는 어간 기저형의 설

정에 대해 논의하기로 한다. 다음에 제시되는 (9a)는 ( ) 속의 표준어 어간에 대한 이 지역어의 어간과 앞에 제시된 이 지역어의 어미가 통합할 때의 음성형이며 (9b)는 그들 음성형을 어간과 어미로 분석한 것이다.

> (9a) /X{우-으}-/류 : [고푸다′, 고푸′구, 고푸더′라, 고푸′무, 고파′두]
> (고프-, 餓)
> (9b) /X{우-으}-/류 : 고푸-다, 고푸-구, 고푸-더라, 고푸-무, 고프
> -아두

　(9b)를 보면, 자음소나 어미 /-으무/와 통합한 어간형은 [고푸-]이고 어미 /-어두/와 통합하는 어간형은 [고프-]이다. 앞에서의 형태분석에서 알 수 있듯이, 활용형의 형태분석에서 자음소나 어미 /-으무/와 통합한 어간형이 모음으로 끝난다는 것은 그 어간의 기저형이 모음소로 끝난다는 것을 알려준다. 그렇게 되면 (9a)의 활용형을 보이는 어간의 기저형은 /고푸-/가 되어야 한다. 그런데 문제는, /바꾸∥어두/→/바꾸아두/→/바꽈두/→[바꽈두](換)에서 보듯이, /고푸-/에 어미 /-어두/가 통합할 경우에, 이 지역어에서는 어간말의 /우/는 어미초의 /어/ 또는 /아/(어미초 /어/의 /아/화에 의한) 앞에서 의무적으로 활음소화하여 /w/로 된 뒤에 음성으로 실현되는데, 실제 활용형에는 [w]가 나타나지 않는다는 것이다. 이 사실은 어미 /-어두/와 통합하는 어간의 어휘화된 교체형이 /고프-/이 아니면 어미초의 /어/ 또는 /아/(어미초 /어/의 /아/화에 의한) 앞에서 탈락하는 모음소를 가진 /고프V-/라는 것을 말해준다.

　그런데 앞에서 보듯이, 한국어에서 자음소로 시작하는 어미와 통합하는 어간이 자음소로 끝나면 모음소로 시작하는 어미 통합하는 어간은 자음소로 끝나거나 모음소로 끝난다. 그렇지만 자음소로 시작하는 어미와 통합하는 어간이 모음소로 끝나면 모음소로 시작하는 어미와 통합하는 어간은 반드시 모음소로 끝난다. 이 점을 고려하면 어미 /-어두/와

통합하는 어간의 어휘화된 교체형은 /고ㅍV-/가 되어야 한다. 이 경우
에 적용되는 것이 기저형 설정기준 ④ⓒ이다. 이 기준에 의하면 어휘화
된 교체형 /고푸-/와 /고ㅍV-/는 다른 방언에서 단일화된 예가 발견되
지 않으므로, 어미 /-어두/와 통합하는 어간의 어휘화된 교체형은 앞 시
기의 어형 /고프-/와 동일한 것이라고 가정한다.

　그러니까 앞 시기의 어간 /고프-/가 어미 /-(으)CY/와 통합하는 과정
에 원순모음소화규칙이 발생함으로써 /고푸-/로 재구조화된다. 그러나
어미 /-어Y/와 통합하는 과정에서는 어간말의 /으/가 탈락하기 때문에
어미 /-어Y/ 앞에서는 여전히 어간이 /고프-/로 남게 된다. 그 결과
(9a)와 같은 활용을 보이는 것이다. 그런데 교체형 [고푸-]와 [고프-]
중 어느 하나를 기저형으로 하는 경우에 어간말의 /우/가 /으/로 되거나
/으/가 /우/로 되는 사실을 공시적 음운규칙으로써 합당하게 설명할 수
없다. 그러므로 교체형 [고푸-]와 [고프-]는 어휘화된 교체형으로 인
정해야 한다. 따라서 (9a)의 활용형을 보이는 어간의 기저형은 /고ㅍ{우
-으}-/로 표시된다. 이 지역어에서 어간말 형태음소로 {우-으}를 가
지는 활용어간으로는 (9c)와 같은 것이 있다.

　　(9c) /X{우-으}-/류 : ㅍ{우-으}-(푸-, 汲), 바쁘{우-으}-(바쁘-,
　　　　　　　　　忙, 아프{우-으}-(아프-, 痛, 슬프{우-으}-
　　　　　　　　　(슬프-, 哀), 기쁘{우-으}-(기쁘-, 喜) 등이
　　　　　　　　　여기에 포함된다.

　다음은 어간말 복합형태음소(군) 'ø-ㄹ}으'를 가지는 활용어간의 기
저형에 대해 논의한다. 다음에 제시된 자료 (10a)는 ( ) 속의 어간에 대
한 이 지역어의 어간과 앞에 제시된 이 지역어의 어미가 통합할 때의 음
성형이며 (10b)는 그들 음성형을 어간과 어미로 분석한 것이다.

(10a) /X{ø-ㄹ}으-/류 : [흐른다′, 흐르′구, 흐르더′라, 흐르′무, 흘러′
       두] (流)
(10b) /X{ø-ㄹ}으-/류 : 흐르-ㄴ다, 흐르-구, 흐르-더라, 흐르-무,
       흘르-어두

   (10b)의 형태분석에 의하면, 어미 /-(으)CY/와 통합한 어간형은 [흐르-]
이고 어미 /-어Y/와 통합한 어간형은 [흘르-]이다. 이들 두 교체형은
어느 하나를 기저형으로 하여 다른 하나의 교체형의 도출을 합당하게
설명할 수 없다. 그러므로 그들 교체형은 어휘화된 것으로 보아야 한다.
그 경우에 어미 /-(으)CY/와 통합하는 어휘화된 교체형은 /흐르-/로 표시
되고 어미 /-어Y/와 통합하는 어간형이 모음으로 끝나는데도 어미 /-어
Y/와 통합한 어간이 유음으로 끝나고 있으므로, 여기에 기저형 설정기준
④ⓒ의 ㉠을 적용하여, 어미 /-어Y/와 통합하는 어휘화된 교체형은 /흘
르-/로 수정해야 한다. 이 동사는 현재 중부방언에 /흘르-/로 단일화되
어 있기 때문이다. 그렇게 되면 (10a)의 활용을 보이는 어간의 잠정 기
저형은 /흘{ø-ㄹ}으-/로 표시된다.
   위의 잠정 기저형이 합당한가를 검정하면 다음과 같다. 어미 /-(으)
CY/와 통합하는 어휘화된 교체형 /흐르-/에 어미 /-은다/, /-구/,
/-더라/, /-으무/가 통합하면, 어간말의 /으/ 뒤에서 어미초의 /으/가 탈
락되고, 어미초의 /ㄱ/와 /ㄷ/ 앞에서 어간말의 /으/는 아무 음운과정을
거치지 않는다. 그 다음에 음성으로 실현되는데 그 때의 음성형은 (10a)
에서 해당 어미와 통합하는 것과 동일하다. 다음에 어휘화된 교체형 /흘
르-/와 어미 /-어두/가 통합하면 어미초의 /어/ 앞에서 어간말의 /으/가
탈락한다. 그 다음에는 아무런 음운과정을 거치지 않으므로 음성으로 실
현되는데, 그 때의 음성형은 해당 어미와 통합한 것과 동일하다. 이로써
잠정 기저형 /흐{ø-ㄹ}르-/는 (10a)의 활용을 보이는 어간의 기저형으
로서 합당하다는 것을 알 수 있다. 이 지역어에서 어간말 복합형태음소

(균) '{ø−ㄹ}으'를 가지는 활용어간으로는 (10c)에 제시된 것들이 있다.

(10c) /X{ø−ㄹ}으−/류 : 일{ø−ㄹ}으− (읽−, 讀), 말{ø−ㄹ}으− (마
르, 乾), 발{ø−ㄹ}으− (바르−, 正) 등이 여
기에 포함된다.

다음으로 어간말 복합형태음소(균) '{우−르}'를 가지는 어간 기저형
의 설정을 보기로 한다. 다음에 제시된 자료 (11a)는 ( ) 속의 어간에 대
한 이 지역어의 어간과 앞에 제시된 이 지역어의 어미가 통합할 때의 음
성형이며 (11b)는 그들 음성형을 어간과 어미로 분석한 것이다.

(11a) /X{우−르}−/류 : [오룬′다, 오루′구, 오루더′라, 오루무′, 올라′두]
(오르−, 登)
(11b) /X{우−르}−/류 : 오루−ㄴ다, 오루−구, 오루−더라, 오루−무, 올
르−아두

(11a)의 활용형은 어미 /−(으)CY/와 통합하는 어간말 모음이 /우/라는
것을 제외하면 (10a)의 어간과 동일한 활용을 한다.24) 그러므로 설정된
잠정 기저형 /올{우−르}−/는 (11a)의 활용형을 보이는 어간의 기저형
으로서 합당하다. 이 지역어에서 어간말 복합형태음소(균) '{우−르}'를
가지는 활용어간으로는 (11c)에 제시된 것들이 있다.

(11c) /X{우−르}−/류 : 골{우−르}− (고르− 選), 불{{우−르}}− (부
르− 呼), 눌{우−르}− (누르− 壓) 등이 여기
에 포함된다.

─────────────────

24) (11a)의 활용형에 보이는 어간말 모음 '우'는 형태음소 /우/가 음성으로 실현된 것이다.
어간말 형태음소 /우/는 원래 /으/이었으나 앞 음절이 원순모음소인 경우 그 다음 음절
의 /으/는 원순모음소화 한다는 동북방언의 음운규칙에 의해서 변화된 것이다.

　다음으로 어간말 복합기저형 {아－애}를 가지는 어간 기저형의 설정
을 보기로 한다. 다음에 제시된 자료 (12a)는 (　) 속의 어간에 대한 이
지역어의 어간과 앞에 제시된 이 지역어의 어미가 통합할 때의 음성형
이며 (12b)는 그들 음성형을 어간과 어미로 분석한 것이다.

>　(12a) /X{아－애}－/류 : [한′다, 하구′, 하′더라, 하무′, 해′애두] (하－, 爲)
>　(12b) /X{아－애}－/류 : 하－ㄴ다, 하－구, 하－더라, 하－무, 해－애－두

　(12b)에 제시된 형태분석에 의하면, 어미 /－(으)CY/와 통합하는 어간
형은 [하－]이다. 그리고 어미 /－어Y/와 통합하는 어간형을 분석하기는
어렵다. 그러나 그것은 어간 /해－/에 어미 /－어Y/가 통합한 것으로 본
다. 그 이유는 어간말 모음소를 /아/라고 한다면 그것이 어미초의 /어/와
통합하여 [애]로 되는 것을 공시적 음운규칙에 의해서 합당하게 설명
할 수 없지만, 어간말 모음소를 /애/라고 한다면, 어간말 모음소가 /에/나
/애/이면 어미초의 /어/는 어간말 모음소에 완전순행동화한다(최명옥 1988 :
60~61).

　분석된 두 개의 교체형을 공통부분을 기준으로 묶으면 [ㅎ{아, 애}－]
가 되는데, 두 개의 교체음 중 어느 하나를 기저형의 어간말 자음소로
하여서는 다른 교체음의 도출을 공시적 음운규칙으로써 합당하게 설명
할 수 없다. 그러므로 그것들은 어휘화된 교체형으로 인정해야 한다. 그
렇게 되면 (12a)의 활용형을 보이는 어간의 기저형은 복합기저형 /ㅎ{아,
애}－/로 표시된다. 이 지역어에서 어간말에 복합형태음소 {아－애}를
가지는 활용어간으로는 (12c)에 제시된 것들이 있다.

>　(12c) /X{아－애}－/류 : ‘질쭉ㅎ{아－애}－ (길쭉하－, 長)’를 포함하여,
>　　　　　　　　　　　　‘하－’를 접미사로 하여 파생된 모든 어간,
>　　　　　　　　　　　　‘뫁{아－애}－ (못하－, 不能)’ 등이 여기에 포함
>　　　　　　　　　　　　된다.

다음으로 어간말 복합기저형 {ㅎ-애}를 가지는 어간 기저형의 설정을 보기로 한다. 다음에 제시된 자료 (13a)는 ( ) 속의 어간에 대한 이 지역어의 어간과 앞에 제시된 이 지역어의 어미가 통합할 때의 음성형이며 (13b)는 그들 음성형을 어간과 어미로 분석한 것이다.

    (13a) /X{ㅎ-애}-/류 : [만′타, 망′쿠, 만′터라, 마′느무, 마′내애두]
                        (많-, 多)
    (13b) /X{ㅎ-애}-/류 : 많-다, 많-구, 많-더라, 만-으무, 마내-애-두

(13b)에 제시된 형태분석의 결과를 보면, 어미 /-CY/와 통합하는 어간형은 [많-], [많-]이고 어미 /-으무/와 통합하는 어간형은 [만-]이며 어미 /-어두/와 통합하는 어간형은 분석하기 어렵다. 그러나 앞에서의 '해-애-두'의 '-애-'에 대한 논의에서와 동일하게 '마내-애-두'는 어간 /마내-/에 어미 /-어두/가 통합한 것으로 본다. 그렇게 되면 어미 /-(으)CY/와 통합하는 어간의 교체형은 [만{ㅎ, ø}-]이고 어미 /-어두/와 통합하는 어간의 교체형은 [마내-]가 된다. 이들 교체형 중 자음소로 끝나는 교체형을 기저형이라고 할 경우에는 어미초의 /어/ 앞에서 /애/가 삽입되는 것을 합당하게 설명할 수 없으며 [마내-]를 기저형이라고 할 경우에는 어미초의 자음소 앞에서 어간말의 /애/가 탈락하는 사실을 합당하게 설명할 수 없다. 그러므로 (13a)의 활용형을 보이는 어간은 어휘화된 교체형 /만{ㅎ, ø}-/와 /마내-/를 가진다고 해야 한다. 그 중에서 어미 /-(으)CY/와 통합하는 교체형들의 교체음 [ㅎ, ø]의 형태음소는 기저형 설정기준 ③ⓑ에 의하여 /ㅎ/가 된다. 따라서 (13a)의 활용형을 보이는 어간은 두 개의 어휘화된 교체형 /많-/과 /마내-/를 가지며 그것들을 포함하는 잠정 기저형은 /만{ㅎ-애}-/로 표시된다.

이 잠정 기저형이 합당한가를 검정하면 다음과 같다. 먼저 어휘화된 교체형 /많-/이 어미 /-다/, /-구/, /-더라/, /-으무/와 통합하면, 어간 말의 /ㅎ/는 어미초의 /ㄷ/, /ㄱ/ 앞에서는 유기음소화하여 /ㅌ/, /ㅋ/로 되고 이어서 어미초의 /ㄱ/에 동화되어 연구개음소 /ㅇ/으로 된다. 그 결과 실현된 음성형은 (13a)에서 해당 어미와 통합한 어간과 동일하다. 다음에 어휘화된 교체형 /마내-/와 어미 /-어두/가 통합하면, 어미초의 /어/는 어간말 모음소 /애/에 완전순행동화하여 /애/로 된다. 그 다음에는 더 이상 음운과정을 거치지 않으므로 음성으로 실현되는데, 그 때의 음성형은 (13a)에서 해당 어미와 통합한 어간과 동일하다.

　지금까지의 검정 결과로 복합기저형 /만{ㅎ-애}-/는 (13a)의 활용형을 보이는 어간의 기저형으로서 합당하다는 것을 알 수 있다. 이 지역어에서 어간말에 복합형태음소 {ㅎ-애}를 가지는 활용어간으로는 (13c)에 제시된 것들이 있다.

　　(13c) /X{ㅎ-애}-/류 : 껌{ㅎ-애}- (검-, 黑) 등이 여기에 포함된다.

　다음으로 어간말 복합기저형 {ㅎ-에}를 가지는 어간 기저형의 설정을 보기로 한다. 다음에 제시된 자료 (14a)는 (　) 속의 어간에 대한 이 지역어의 어간과 앞에 제시된 이 지역어의 어미가 통합할 때의 음성형이며 (14b)는 그들 음성형을 어간과 어미로 분석한 것이다.

　　(14a) /X{ㅎ-에}-/류 : [슬′타, 슬′쿠, 슬′터라, 스′르무, 스′레에두]
　　　　　　　　　　　(싫-, 厭)
　　(14b) /X{ㅎ-에}-/류 : 슳-다, 슳-구, 슳-더라, 슬-으무, 스레-에
　　　　　　　　　　　-두

　(14b)에 제시된 형태분석의 결과를 보면, 자음소로 시작하는 어미와

통합하는 어간형은 [슳-]이고 어미 /-으무/와 통합하는 어간형은 [슬-]
이며 어미 /-어두/와 통합하는 어간형은 분석하기 어렵다. 그러나 앞에
서의 '해-애-두'의 '-애-'에 대한 논의에서와 동일하게 '스레-에-
두'는 어간 /스레-/에 어미 /-어두/가 통합한 것으로 본다. 그렇게 되면
어미 /-(으)CY/와 통합하는 어간의 교체형은 [슳-]이고 어미 /-어두/
와 통합하는 어간의 교체형은 [스레-]가 된다. 이들 교체형 중 자음으
로 끝나는 교체형 [슳-]을 기저형이라고 할 경우에는 어미초의 /어/ 앞
에서 /에/가 삽입되는 것을 합당하게 설명할 수 없으며 [스레-]를 기저
형이라고 할 경우에는 어미초의 자음소 앞에서 어간말의 /에/가 탈락하
는 사실을 합당하게 설명할 수 없다. 그러므로 (14a)의 활용형을 보이는
어간은 어휘화된 교체형 /슳-/과 /스레-/를 가진다고 해야 한다. 따라
서 (14a)의 활용형을 보이는 어간은 두 개의 어휘화된 교체형 /슳-/과
/스레-/를 가지며 그것들을 포함하는 잠정 기저형은 /슬{ㅎ-에}-/로
표시된다.

  이 잠정 기저형이 합당한가를 검정하면 다음과 같다. 먼저 어휘화된
교체형 /슳-/이 어미 /-다/, /-구/, /-더라/, /-으무/와 통합하면, 어간
말의 /ㅎ/는 어미초의 /ㄷ/, /ㄱ/ 앞에서는 유기음소화하여 /ㅌ/, /ㅋ/로 된
다. 그 결과 실현된 음성형은 (14a)에서 해당 어미와 통합한 어간과 동
일하다. 다음에 어휘화된 교체형 /스레-/와 어미 /-어두/가 통합하면,
어미초의 /어/는 어간말 모음소 /에/에 완전순행동화하여 /에/로 된다. 그
다음에는 더 이상 음운과정을 거치지 않으므로 음성으로 실현되는데, 그
때의 음성형은 (14a)에서 해당 어미와 통합한 어간과 동일하다.

  지금까지의 검정 결과로 복합기저형 /슬{ㅎ-에}-/는 (14a)의 활용형
을 보이는 어간의 기저형으로서 합당하다는 것을 알 수 있다. 이 지역어
에서 어간말에 복합형태음소 {ㅎ-에}를 가지는 활용어간은 조사된 자
료에서 더 이상 발견되지 않는다.

　다음으로 어간말 복합기저형 {에－애}를 가지는 어간 기저형의 설정을 보기로 한다. 다음에 제시된 자료 (15a)는 (　) 속의 어간에 대한 이 지역어의 어간과 앞에 제시된 이 지역어의 어미가 통합할 때의 음성형이며 (15b)는 그들 음성형을 어간과 어미로 분석한 것이다.

(15a)　/X{에－애}－/류 : [뒌′다, 뒈구′, 뒈더′라, 뒈에′무, 돼′두] (되－, 化)
(15b)　/X{에－애}－/류 : 뒈－ㄴ다, 뒈－구, 뒈－더라, 뒈－에무, 도(tw)
　　　　　　　　　　　　－애－두

　(15b)에 제시된 형태분석의 결과를 보면, 어미 /－CY/와 통합하는 어간형은 [뒈－]이고 어미 /－으무/와 통합하는 어간형은 [뒈－]이며 어미 /－아두/와 통합하는 어간형은 분석하기 어렵다. 그러나 앞에서의 '해－애－두'의 '－애－'에 대한 논의에서와 동일하게 '도(tw)－애－두'는 어간 /돼－/에 어미 /－아두/가 통합한 것으로 본다. 그렇게 되면 어미 /－(으)CY/와 통합하는 어간의 교체형은 [뒈－]이고 어미 /－아두/와 통합하는 어간의 교체형은 [돼－]가 된다. 이들 교체형 중 자음으로 끝나는 교체형을 기저형이라고 할 경우에는 어미초의 /ə/ 앞에서 /ɛ/가 삽입되는 것을 합당하게 설명할 수 없으며 [돼－]를 기저형이라고 할 경우에는 어미초의 자음소 앞에서 어간말의 /애/가 /에/로 교체하는 사실을 합당하게 설명할 수 없다. 그러므로 (15a)의 활용형을 보이는 어간은 어휘화된 교체형 /뒈－/와 /돼－/를 가진다고 해야 한다. 따라서 (15a)의 활용형을 보이는 어간은 두 개의 어휘화된 교체형 /뒈－/와 /돼－/를 가지며 그것들을 포함하는 잠정 기저형은 /도(tw){에－애}－/로 표시된다.

　이 잠정 기저형이 합당한가를 검정하면 다음과 같다. 먼저 어휘화된 교체형 /뒈－/가 어미 /－은다/, /－구/, /－더라/, /－으무/와 통합하면, 어간초의 /으/는 모음으로 끝나는 어간 뒤에서 탈락한다. 그 결과 실현된 음성형은 (15a)에서 해당 어미와 통합한 어간과 동일하다. 다음에 어휘

화된 교체형 /돼-/와 어미 /-아두/가 통합하면, 어미초의 /어/는 어간말
모음소 /애/에 완전순행동화하여 /애/로 된다. 그 다음에는 더 이상 음운
과정을 거치지 않으므로 음성으로 실현되는데, 그 때의 음성형은 (15a)
에서 해당 어미와 통합한 어간과 동일하다.

　지금까지의 검정 결과로 복합기저형 /도(tw){에-애}-/는 (15a)의 활
용형을 보이는 어간의 기저형으로서 합당하다는 것을 알 수 있다. 이 지
역어에서 어간말에 복합형태음소 {에-애}를 가지는 활용어간은 조사된
자료에서 더 이상 발견되지 않는다.25)

　다음으로 어간말 복합기저형 {앟-애}를 가지는 어간 기저형의 설정
을 보기로 한다. 다음에 제시된 자료 (16a)는 (　) 속의 어간에 대한 이
지역어의 어간과 앞에 제시된 이 지역어의 어미가 통합할 때의 음성형
이며 (16b)는 그들 음성형을 어간과 어미로 분석한 것이다.

> (16a)　/X{앟-애}-/류 : [노′라타, 노′라쿠, 노′라터라, 노라′아무, 노′래
> 　　　　　　애두] (노랗-, 黃)
> (16b)　/X{앟-애}-/류 : 노랗-다, 노랗-구, 노랗-더라, 노라-아무,
> 　　　　　　노래-애-두

　(16b)에 제시된 형태분석의 결과를 보면, 자음소로 시작하는 어미와 통합
하는 어간형은 [노랗-]이다. 어미 /-으무/와 통합하는 어간형은 [노라-]
인데, 앞에서 보았듯이, 어간이 /ㅎ/로 끝난 경우에 /-으무/와 통합할
때, 먼저 'ㅎ'가 탈락하고 다음 어미초의 '으'가 어간말 모음소에 완전동
화된다. 그리하여 어미 /-으무/와 통합하는 어간형은 [노랗-]로 볼 수
있다. 어미 /-어두/와 통합하는 어간형은 분석하기 어렵다. 그러나 앞에

---

25) 동일한 어간 말음을 가지는 '쉐-(쇠-, 吹), 쮀-(쬐-, 晒)' 등은 '-어두'와 통합할 때
　'쉐두, 쮀두'로 활용한다. 이러한 현상이 나타나는 이유에 대해서는 더 관찰할 필요가
　있으며, 이에 대해서는 후고로 미루기로 한다.

서의 '해-애-두'의 '-애-'에 대한 논의에서와 동일하게 '노래-애-두'는 어간 /노래-/에 어미 /-어두/가 통합한 것으로 본다. 그렇게 되면 어미 /-(으)CY/와 통합하는 어간의 교체형은 [노랗-]이고 어미 /-어두/와 통합하는 어간의 교체형은 [노래-]가 된다. 이들 교체형 중 [노랗-]를 기저형이라고 할 경우에는 어미초의 /어/ 앞에서 /애/가 삽입되는 것을 합당하게 설명할 수 없으며 [노래-]를 기저형이라고 할 경우에는 어미초의 자음소 앞에서 어간말의 평음소가 유기음소화하는 사실을 합당하게 설명할 수 없다. 그러므로 (17a)의 활용형을 보이는 어간은 어휘화된 교체형 /노랗-/와 /노래-/를 가진다고 해야 한다. 따라서 (17a)의 활용형을 보이는 어간은 두 개의 어휘화된 교체형 /노랗-/와 /노래-/를 가지며 그것들을 포함하는 잠정 기저형은 /노르{앟-애}-/로 표시된다.

이 잠정 기저형이 합당한가를 검정하면 다음과 같다. 먼저 어휘화된 교체형 /노랗-/이 어미 /-다/, /-구/, /-더라/, /-으무/와 통합하면, 어간말의 /ㅎ/는 어미초의 /ㄷ/, /ㄱ/ 앞에서는 유기음소화하여 /ㅌ/, /ㅋ/로 되며, /-으무/와 통합할 때에는 먼저 어간말의 'ㅎ'가 탈락하며 그 후 어미초의 '으'는 어간말 모음소 '아'에 완전순행동화되어 '아'로 된다. 그 결과 실현된 음성형은 (16a)에서 해당 어미와 통합한 어간과 동일하다. 다음에 어휘화된 교체형 /노래-/와 어미 /-아두/가 통합하면, 어미초의 /어/는 어간말 모음소 /애/에 완전순행동화하여 /애/로 된다. 그 다음에는 더 이상 음운과정을 거치지 않으므로 음성으로 실현되는데, 그 때의 음성형은 (16a)에서 해당 어미와 통합한 어간과 동일하다.

지금까지의 검정 결과로부터 복합기저형 /노르{앟-애}-/는 (16a)의 활용형을 보이는 어간의 기저형으로서 합당하다는 것을 알 수 있다. 이 지역어에서 어간말에 복합형태음소 {앟-애}를 가지는 활용어간은 (16c)와 같은 것들이 있다.

(16c) /X{않-애}-/류 : '파르{않-애}-(파랗-, 靑)'을 포함하는 색
            표시 어간들이 여기에 속한다.

  끝으로 어간말 복합기저형 {엏-애}를 가지는 어간 기저형의 설정을
보기로 한다. 다음에 제시된 자료 (17a)는 ( ) 속의 어간에 대한 이 지역
어의 어간과 앞에 제시된 이 지역어의 어미가 통합할 때의 음성형이며
(17b)는 그들 음성형을 어간과 어미로 분석한 것이다.

(17a) /X{엏-애}-/류 : [그′러타, 그′러쿠, 그′러터라, 그′러어무, 그′래
            애두] (그렇-, 當)
(17b) /X{엏-애}-/류 : 그렇-다, 그렇-구, 그렇-더라, 그러-어무,
            그래-애-두

  (17b)에 제시된 형태분석의 결과를 보면, 자음소로 시작하는 어미와 통합
하는 어간형은 [그렇-]이다. 어미 /-으무/와 통합하는 어간형은 [그러-]
인데, 앞에서 보았듯이, 어간이 /ㅎ/로 끝난 경우에 /-으무/와 통합할
때, 먼저 'ㅎ'가 탈락하고 다음 어미초의 '으'가 어간말 모음소에 완전순
행동화된다. 그리하여 어미 /-으무/와 통합하는 어간형은 [그렇-]로 볼
수 있다. 어미 /-어두/와 통합하는 어간형은 분석하기 어렵다. 그러나
앞에서의 '해-애-두'의 '-애-'에 대한 논의에서와 동일하게 '그래-
애-두'는 어간 /그래-/에 어미 /-어두/가 통합한 것으로 본다. 그렇게
되면 어미 /-(으)CY/와 통합하는 어간의 교체형은 [그렇-]이고 어미
/-어두/와 통합하는 어간의 교체형은 [그래-]가 된다. 이들 교체형 중
[그렇-]를 기저형이라고 할 경우에는 어미초의 /어/ 앞에서 /애/가 삽입
되는 것을 합당하게 설명할 수 없으며 [그래-]를 기저형이라고 할 경우
에는 어미초의 자음소 앞에서 어간말의 평음소가 유기음소화하는 사실
을 합당하게 설명할 수 없다. 그러므로 (17a)의 활용형을 보이는 어간은

어휘화된 교체형 /그렇-/와 /그래-/를 가진다고 해야 한다. 따라서 (17a)의 활용형을 보이는 어간은 두 개의 어휘화된 교체형 /그렇-/와 /그래-/를 가지며 그것들을 포함하는 잠정 기저형은 /그{엏-애}-/로 표시된다.

이 잠정 기저형이 합당한가를 검정하면 다음과 같다. 먼저 어휘화된 교체형 /그렇-/이 어미 /-다/, /-구/, /-더라/, /-으무/와 통합하면, 어간말의 /ㅎ/는 어미초의 /ㄷ/, /ㄱ/ 앞에서는 유기음소화하여 /ㅌ/, /ㅋ/로 되며, /-으무/와 통합할 때에는 먼저 어간말의 'ㅎ'가 탈락하며 그 후 어미초의 '으'는 어간말 모음소 '어'에 완전순행동화되어 '어'로 된다. 그 결과 실현된 음성형은 (17a)에서 해당 어미와 통합한 어간과 동일하다. 다음에 어휘화된 교체형 /그래-/와 어미 /-어두/가 통합하면, 어미초의 /어/는 어간말 모음소 /애/에 완전순행동화하여 /애/로 된다. 그 다음에는 더 이상 음운과정을 거치지 않으므로 음성으로 실현되는데, 그 때의 음성형은 (17a)에서 해당 어미와 통합한 어간과 동일하다.

지금까지의 검정 결과로 복합기저형 /그{엏-애}-/는 (17a)의 활용형을 보이는 어간의 기저형으로서 합당하다는 것을 알 수 있다. 이 지역어에서 어간말에 복합형태음소 {엏-애}를 가지는 활용어간 (17c)와 같은 것들이 있다.

(17c) /X{엏-애}-/류 : '퍼르{엏-애}-(퍼렇-, 靑)을 포함하는 색 표
시 어간들이 여기에 속한다.

이상으로 이 지역어에서 사용되는 어간과 어미의 기저형의 설정에 대해 논의하였다. 계속하여 이 지역어의 이러한 어간과 어미가 통합할 때 일어나는 음운과정과 음운규칙에 대해 논의하고자 한다.

제4장

음운과정과 음운규칙

음운과정이란 어간의 기저형과 어미의 기저형이 통합하는 경우에 일
어나는 음운의 변동을 말한다. 이 지역어의 음운과정에는 교체, 탈락, 삽
입, 축약 등의 네 가지가 있다.

4.1. 교체

교체란 어간과 어미가 통합할 때, 그 경계에 있는 형태음소가 다른 형
태음소로 변동하는 것을 말한다. 교체에는 자음소교체와 모음소교체가
있다. 이하에서 이에 대해 구체적으로 논의하기로 한다.

4.1.1. 자음소교체

자음소교체에는 평파열음소화, 자음소동화, 경음소화 등이 있다. 이하

에서 제시된 순서에 따라 논의하기로 한다.

4.1.1.1. 평파열음소화

평파열음소화란 평파열음소(ㅂ, ㄷ, ㄱ)가 아닌 어간말의 자음소가 그 위치에서, 그리고 어미초의 자음소 앞에서 평파열음소 /ㅂ/, /ㄷ/, /ㄱ/ 중의 하나로 교체되는 것을 말한다. 즉 어간이 그 자체로 끝나거나 자음소로 시작하는 어미와 통합할 때에, 어간말의 무성파열음소는 /ㅂ/, /ㄷ/, /ㄱ/ 중 어느 하나로 된다. 다시 말하면, 양순음소는 /ㅂ/로, 치음소과 치조음소는 /ㄷ/로, 연구개음소는 /ㄱ/로 되며 후음소는 /ㅅ/나 /ㄴ/와 같이 격음소를 대립짝으로 가지지 않는 어미초의 자음소 앞에서 /ㄷ/로 된다. 이 음운과정은 곡용과 활용에서 다 일어난다. 이러한 사실은 (1)과 (2)에서 확인할 수 있다.

(1) 곡용
a. /옆ㅣ두/→[엽뚜′], /옆ㅣ보다/→[엽뽀′다]
  cf. /옆ㅣ이/→[여피′] (옆, 側)
b. /밭ㅣ두/→[받뚜′], /밭ㅣ보다/→[밥뽀′다]
  cf. /밭ㅣ이/→[바티′] (밭, 田)
c. /옷ㅣ두/→[온′뚜], /옷ㅣ보다/→[옵′뽀다]
  cf. /옷ㅣ이/→[오′시] (옷, 衣)
d. /꽃ㅣ두/→[꼰뚜′], /꼰ㅣ보다/→[꼽뽀′다]
  cf. /꽃ㅣ이/→[꼬지′] (꽃, 花)
e. /낯ㅣ두/→[난뚜′], /낯ㅣ보다/→[납뽀′다]
  cf. /낯ㅣ이/→[나치′] (낯, 顔)

(1)은 곡용어간에 곡용어미 /−두/가 통합할 때의 평파열음소화의 예이다. 여기에서 (1a)의 [엽뚜′]는 '/옆ㅣ두/→/엽두/→/엽뚜/'의 과정을 거쳐 실현되는 것이다. 다시 말하면, 기저형 /옆ㅣ두/에서 어간말의 /ㅍ/

가 어미초의 자음소 앞에서 평파열음소화하여 /ㅂ/로 되고 다시 어간말의 평파열음소 /ㅂ/ 뒤에서 어미초의 /ㄷ/가 경음소화하여 /ㄸ/로 된 뒤에 실현되는 것이다. (1b~e)는 어간말의 /ㅌ/, /ㅅ/, /ㅈ/, /ㅊ/가 어미초의 자음소 앞에서 먼저 평파열음소화하여 /ㄷ/로 된 후 어간말의 평파열음소 /ㄷ/ 뒤에서 어미초의 /ㄷ/가 경음소화하여 /ㄸ/로 된 다음에 실현된 것이다.

(2) 활용
a. /짚ㅣ더라/ → [집떠′라], /짚ㅣ지비/ → [집찌′비]
   cf. /짚ㅣ어두/ → [지퍼′두] (짚-, 深)
b. /얕ㅣ더라/ → [얃떠′라], /얕ㅣ지비/ → [얃찌′비]
   cf. /얕ㅣ어두/ → [야타′두] (얕-, 淺)
c. /쏫ㅣ더라/ → [쏟′떠라], /쏫ㅣ지비/ → [쏟′찌비]
   cf. /쏫ㅣ어두/ → [쏘′서두] (훔치-, 拭)
d. /늦ㅣ더라/ → [늗떠′라], /늦ㅣ지비/ → [늗찌′비]
   cf. /늦ㅣ어두/ → [느저′두] (늦-, 晩)
e. /짖ㅣ더라/ → [짇′떠라], /짖ㅣ지비/ → [짇′찌비]
   cf. /짖ㅣ어두/ → [지처′두] (짖-, 吠)
f. /섞ㅣ더라/ → [석떠′라], /섞ㅣ지비/ → [석찌′비]
   cf. /섞ㅣ어두/ → [서꺼′두] (섞-, 混)
g. /끟ㅣ는다/ → [끈′는다], /끟ㅣ소/ → [끋′쏘]
   cf. /끟ㅣ구/ → [끄쿠′] (긋-, 劃)
h. /짛ㅣ는다/ → [진′는다], /짛ㅣ소/ → [짇′쏘]
   cf. /짛ㅣ구/ → [지′꾸] (짓-, 作)

(2)는 활용어간에 활용어미 /-더라/, /-지비/가 통합할 때의 평파열음소화의 예이다. 위의 활용에서 어간말 자음소가 거치는 음운과정도 앞의 곡용에서 어간말 자음소가 거치는 음운과정과 동일하다. 먼저 (2a)의 [집떠′라]는 '/짚ㅣ더라/ → /집더라/ → /집떠라/'의 과정을 거쳐서 실현된 것이다. 다시 말하면, 기저형 /짚ㅣ더라/에서, 어간말의 /ㅍ/는 어미초의 자

음소 앞에서 평파열음소화하여 /ㅂ/로 되고 다시 어미초의 /ㄷ/는 어간말의 평파열음소 /ㅂ/ 뒤에서 경음소화하여 /ㄸ/로 된 다음에 음성으로 실현된 것이다.

다음으로 (2b~e)의 음성형은 먼저 기저형의 어간말 자음소 /ㅌ, ㅅ, ㅈ, ㅊ/가 어미초의 자음소 앞에서 평파열음소화하여 /ㄷ/로 되고 다음에 어간말의 /ㄷ/ 뒤에서 어미초의 /ㄷ/나 /ㅈ/가 경음소화하여 각각 /ㄸ/나 /ㅉ/로 된 다음에 음성으로 실현된 것이다. 그리고 (2f)의 음성형은 먼저 기저형의 어간말 자음소 /ㄲ/가 어미초의 자음소 앞에서 평파열음소화하여 /ㄱ/로 되고 다음에 어간말의 평파열음소 /ㄱ/ 뒤에서 어미초의 /ㄷ/나 /ㅈ/가 경음소화하여 각각 /ㄸ/나 /ㅉ/로 된 다음에 음성으로 실현된 것이다.

끝으로 (2g, h)의 음성형은 먼저 기저형의 어간말 자음소 /ㅎ, ㅇ/가 어미초의 /ㄴ/나 /ㅅ/ 앞에서 평파열음소화하여 /ㄷ/로 되고 다시 어간말의 /ㄷ/가 어미초의 /ㄴ/에 동화되어 /ㄴ/로 되고 어미초의 /ㅅ/가 어간말의 /ㄷ/ 뒤에서 경음소화하여 /ㅆ/로 된 다음에 음성으로 실현된 것이다.

위와 같은 이 지역어의 어간말 자음소의 평파열음소화를 지배하는 규칙은 아래의 (3)으로 나타낼 수 있다.

(3)
a. {ㅃ, ㅍ} → ㅂ/**X**＿] (C)
b. {ㄸ, ㅌ, ㅅ, ㅆ, ㅈ, ㅉ, ㅊ} → ㄷ/**X**＿] (C)
c. {ㅎ, ㅇ} → ㄷ/**X**＿] ({ㅅ, ㄴ})
d. {ㄲ, ㅋ} → ㄱ/**X**＿] (C)

4.1.1.2. 자음소동화

자음소동화란 자음소를 구성하는 어떤 자질의 값이 인접한 음소의 자질값의 영향을 받아 그와 동일한 자질값을 가지게 되는 것을 말한다. 자음소동화에는 비음소화, 연구개음소화, 양순음소화와 유음소화가 있다.

　(A) 비음소화

　비음소화란 평파열음소화 및 자음소군단순화된 어간말의 /ㅂ/, /ㄷ/, /ㄱ/
가 어미초의 비음소(/ㅁ/, /ㄴ/) 앞에서 각각 /ㅁ/, /ㄴ/, /ㅇ(ŋ)/로 되는 것
을 말한다. 이 음운과정은 곡용과 활용에서 다 일어난다. 이러한 사실은
(4), (5)에서 확인할 수 있다.

　(4) 곡용
　a. /입] 마/ → [임′마] cf. /입] 에/ → [이베] (입, 口)
　b. /앞] 마/ → [암마′] cf. /앞] 에/ → [아페] (앞, 前)
　c. /갑써] 마/ → [감′마] cf. /갑써] 에/ → [갑′쎄] (값, 價)
　d. /야듧] 마/ → [야듬′마] cf. /야듧] 에/ → [야들′베] (여덟, 八)

　e. /몯] 마/ → [몸′마] cf. /모] 에/ → [모데] (못, 釘)
　f. /밭] 마/ → [밤마′] cf. /밭] 에/ → [바테′] (밭, 田)
　g. /옷] 마/ → [옴′마] cf. /옷] 에/ → [오세′] (옷, 衣)
　h. /낮] 마/ → [남′마] cf. /낮] 에/ → [나제′] (낮, 晝)
　i. /헝겇] 마/ → [헝검마′] cf. /헝겇] 에/ → [헝거체′] (천, 布)

　j. /가매목] 마/ → [가매몽′마] cf. /가매목] 에/ → [가매모게′] (부엌, 竈)
　k. /넉써] 마/ → [넝′마] cf. /넉써] 이/ → [넉′씨] (넋, 魂)
　l. /닭] 마/ → [당마′] cf. /닭] 이/ → [달기′] (닭, 鷄)

　(4)는 곡용어간에 곡용어미 /-마/가 통합할 때의 비음소화의 예이다.
여기에서 (4a~d)의 음성형은 다음과 같은 음운과정을 거친 다음에 실현
된 것이다. (4a)의 어간말의 /ㅂ/는 어미초의 비음소 /ㅁ/에 동화되어 /ㅁ/
로 된다. 이제 기저의 최종단계에서는 더 이상 음운과정을 거칠 것이 없
으므로 음성으로 실현된다. 그리고 (4b)의 어간말 자음소와 (4c, d)의 어

간말 자음소군은 각각 평파열음소화와 자음소군단순화를 거쳐 /ㅂ/로 된
다. 그 다음에 어간말의 /ㅂ/는 어미초의 비음소 /ㅁ/에 동화되어 /ㅁ/로
된다. 이제 기저의 최종단계에서는 더 이상 음운과정을 거칠 것이 없으
므로 음성으로 실현된다.

다음에 (4e~i)의 음성형은 다음과 같은 음운과정을 거친 다음에 실현
된 것이다. (4e)의 어간말의 /ㄷ/는 어미초의 비음소 /ㅁ/에 동화되어 /ㅁ/
로 된다. 이제 기저의 최종단계에서는 더 이상 음운과정을 거칠 것이 없
으므로 음성으로 실현된다. 그리고 (4f~i)의 어간말 자음소들은 어미초
의 자음소 앞에서 평파열음소화하여 /ㄷ/로 된다. 그 다음에 어간말의
/ㄷ/는 어미초의 비음소 /ㅁ/에 동화(조음방식동화)되어 /ㄴ/로 된다. /ㄴ/
는 다시 양순음소 /ㅁ/에 동화(조음위치동화)되어 /ㅁ/로 된다. 이제 기저
의 최종단계에서는 더 이상 음운과정을 거칠 것이 없으므로 음성으로
실현된다.

끝으로 (4j~l)의 음성형은 다음과 같은 음운과정을 거친 다음에 실현
된 것이다. (4j)의 어간말의 /ㄱ/는 어미초의 비음소 /ㅁ/에 동화되어 /ㅇ/
로 된다. 이제 기저의 최종단계에서는 더 이상 음운과정을 거칠 것이 없
으므로 음성으로 실현된다. 그리고 (4k, l)의 어간말 자음소군은 자음소
군단순화에 의하여 /ㄱ/로 된다. 그 다음에 어간말의 /ㄱ/는 어미초의 /ㅁ/
에 동화되어 /ㅇ/로 된다. 이제 기저에서는 더 이상 음운과정을 거칠 것
이 없으므로 음성으로 실현된다.

    (5) 활용
    a. /꼽ㅣ는다/ → [꼼는′다]
      cf. /꼽ㅣ 으이까(디)/ → [꼬부′이까(디)] (꽂-, 揷)
    b. /덮ㅣ는다/ → [덤는′다]
      cf. /덮ㅣ 으이까(디)/ → [더푸′이까(디)] (덮-, 覆)
    c. /뚧ㅣ는다/ → [뚬는′다]

cf. /뚫ㅣ으이까(디)/ → [뚤부´이까(디)] (뚫−, 穿)

d. /받ㅣ는다/ → [반는´다]
   cf. /받ㅣ으이까(디)/ → [바드´이까(디)] (뱉−, 唾)
e. /붙ㅣ는다/ → [분는´다]
   cf. /붙ㅣ으이까(디)/ → [부투´이까(디)] (붙−, 附)
f. /뺏ㅣ는다/ → [뺀는´다]
   cf. /뺏ㅣ으이까(디)/ → [뻐스´이까(디)] (벗−, 脫)
g. /맺ㅣ는다/ → [맨는´다]
   cf. /맺ㅣ으이까(디)/ → [매즈´이까(디)] (맺−, 結)
h. /싳ㅣ는다/ → [신는´다]
   cf. /싳ㅣ으이까(디)/ → [시츠´이까(디)] (씻−, 洗)
i. /옇ㅣ는다/ → [연는´다]
   cf. /옇ㅣ으이까(디)/ → [여어이´까(디)] (넣−, 入)
j. /붖ㅣ는다/ → [분´는다]
   cf. /붖ㅣ으이까(디)/ → [부우´이까(디)] (붓−, 注)

k. /녹ㅣ는다/ → [농는´다]
   cf. /녹ㅣ으이까(디)/ → [노구´이까(디)] (녹−, 解)
l. /깎ㅣ는다/ → [깡는´다]
   cf. /깎ㅣ으이까(디)/ → [까끄´이까(디)] (깎−, 削)
m. /긁ㅣ는다/ → [긍는´다]
   cf. /긁ㅣ으이까(디)/ → [글그´이까(디)] (긁−, 搔)

(5)는 활용어간에 활용어미 /−는다/가 통합할 때의 비음소화의 예이다. 위의 활용에서 어간말 자음소가 거치는 음운과정도 앞의 곡용에서 어간말 자음소가 거치는 음운과정과 동일하다. 먼저 (5a~c)의 음성형은 다음과 같은 음운과정을 거쳐서 실현된 것이다. (5a)의 어간말의 /ㅂ/는 어미초의 비음소 /ㄴ/에 동화되어 /ㅁ/로 된다. 이제 기저의 최종단계에서는 더 이상 음운과정을 거칠 것이 없으므로 음성으로 실현된다. 그리고 (5b)의 어간말 자음소 /ㅍ/와 (5c)의 어간말 자음소군 /ㄿ/는 어미초의

자음소 앞에서 각각 평파열음소화와 자음소군단순화 과정을 거쳐서 /ㅂ/
로 된다. 그 다음에 어간말의 /ㅂ/는 어미초의 비음소 /ㄴ/에 동화되어
/ㅁ/로 된다. 그 다음에 기저의 최종단계에서는 더 이상 음운과정을 거칠
것이 없다. 그러므로 그것들은 음성으로 실현된다.

　다음으로 (5d~j)의 음성형은 다음과 같은 음운과정을 거쳐서 실현된
것이다. (5d)의 어간말의 /ㄷ/는 어미초의 비음소 /ㄴ/에 동화되어 /ㄴ/로
된다. 이제 기저의 최종단계에서는 더 이상 음운과정을 거칠 것이 없으
므로 음성으로 실현된다. 그리고 (5e~j)의 어간말 자음소들은 어미초의
자음소 앞에서 평파열음소화하여 모두 /ㄷ/로 된다. 그 다음에 어간말의
/ㄷ/는 어미초의 비음소 /ㄴ/에 동화되어 /ㄴ/로 된다. 그 다음에 기저의
최종단계에서는 더 이상 음운과정을 거칠 것이 없다. 그러므로 그것들은
음성으로 실현된다.

　끝으로 (5k~m)의 음성형은 다음과 같은 음운과정을 거쳐서 실현된
것이다. (5k)의 어간말의 /ㄱ/는 어미초의 비음소 /ㄴ/에 동화되어 /ㅇ/로
된다. 이제 기저의 최종단계에서는 더 이상 음운과정을 거칠 것이 없으
므로 음성으로 실현된다. 그리고 (5l)의 어간말 자음소 /ㄲ/와 (5m)의 어
간말 자음소군 /ㄺ/는 각각 평파열음소화와 자음소군단순화의 과정을 거
쳐서 /ㄱ/로 된다. 그 다음에 어간말의 /ㄱ/는 어미초의 비음소 /ㄴ/에 동
화되어 /ㅇ/로 된다. 그 다음에 기저의 최종단계에서는 더 이상 음운과정
을 거칠 것이 없다. 그러므로 그것들은 음성으로 실현된다.

　위와 같은 이 지역어의 비음소화를 지배하는 규칙은 아래의 (6)으로
나타낼 수 있다.

(6)
$$\begin{bmatrix} ㅂ \\ ㄷ \\ ㄱ \end{bmatrix} \rightarrow \begin{bmatrix} ㅁ \\ ㄴ \\ ㅇ \end{bmatrix} \Big/ \ X \ \_\,]\,\{ㄴ, ㅁ\}\ Y$$

(B) 연구개음소화

연구개음소화란 평파열음소화나 자음소군단순화에 의해서 형성된 어간말의 /ㅂ/, /ㄷ/와 /ㅁ/, /ㄴ/가 어미초의 연구개음소에 동화되어 각각 /ㄱ/와 /ㅇ(ŋ)/로 되는 것을 말한다. 이 음운과정은 곡용과 활용에서 다 일어난다. 이러한 사실은 (7)과 (8)에서 확인할 수 있다.

(7) 곡용
a. /집] 꺼정/ → [직꺼′정] cf. /집] 으/ → [지부′] (집, 家)
b. /짚] 꺼정/ → [직 ′ 꺼정] cf. /짚] 으/ → [지′푸] (짚, 稻)
c. /갑씨] 꺼정/ → [각′꺼정] cf. /갑씨] 으/ → [갑′씨] (값, 價)
d. /야듧] 꺼정/ → [야득′꺼정] cf. /야듧] 으/ → [야들′부] (여덟, 八)

e. /낟] 꺼정/ → [낙′꺼정] cf. /낟] 으/ → [나′드] (낫, 鎌)
f. /끝] 꺼정/ → [끅′꺼정] cf. /끝] 으/ → [끄′트] (끝, 末)
g. /굿] 꺼정/ → [국′꺼정] cf. /굿] 으/ → [구′수] (굿, 㐄)
h. /젖] 꺼정/ → [적′꺼정] cf. /젖] 으/ → [저′즈] (젖, 乳)
i. /낯] 꺼정/ → [낙꺼′정] cf. /낯] 으/ → [나츠′] (낯, 顔)

j. /봄] 꺼정/ → [봉′꺼정] cf. /봄] 으/ → [보′무] (봄, 春)

k. /갠] 꺼정/ → [갱꺼′정] cf. /갠] 으/ → [개느′] (강, 江)

(7)은 곡용어간에 곡용어미 /−꺼정/이 통합할 때의 연구개음소화의 예이다. 여기에서 (7a~d)의 음성형은 다음과 같은 음운과정을 거친 다음에 실현된 것이다. (7a)의 어간말의 /ㅂ/는 어미초의 연구개음소 /ㄲ/에 동화되어 /ㄱ/로 된다. 이제 기저의 최종단계에서는 더 이상 음운과정을 거칠 것이 없으므로 음성으로 실현된다. 그리고 (7b)의 어간말 자음소와 (7c, d)의 어간말 자음소군은 각각 평파열음소화와 자음소군단순화를 거쳐 /ㅂ/로 된다. 그 다음에 어간말의 /ㅂ/는 어미초의 연구개음소 /ㄲ/에 동화되어 /ㄱ/로 된다. 이제 기저의 최종단계에서는 더 이상 음운과정을

거칠 것이 없으므로 음성으로 실현된다.

다음에 (7e~i)의 음성형은 다음과 같은 음운과정을 거친 다음에 실현된 것이다. (7e)의 어간말의 /ㄷ/는 어미초의 연구개음소 /ㄲ/에 동화되어 /ㄱ/로 된다. 이제 기저의 최종단계에서는 더 이상 음운과정을 거칠 것이 없으므로 음성으로 실현된다. 그리고 (7f~i)의 어간말 자음소들은 어미초의 자음소 앞에서 평파열음소화하여 /ㄷ/로 된다. 그 다음에 어간말의 /ㄷ/는 어미초의 연구개음소 /ㄲ/에 동화되어 /ㄱ/로 된다. 이제 기저의 최종단계에서는 더 이상 음운과정을 거칠 것이 없으므로 음성으로 실현된다.

다음에 (7j)의 음성형은 다음과 같은 음운과정을 거친 다음에 실현된 것이다. (7j)의 어간말의 /ㅁ/는 어미초의 연구개음소 /ㄲ/에 동화되어 /ㅇ/로 된다. 이제 기저의 최종단계에서는 더 이상 음운과정을 거칠 것이 없으므로 음성으로 실현된다.

끝으로 (7k)의 음성형은 다음과 같은 음운과정을 거친 다음에 실현된 것이다. (7k)의 어간말의 /ㄴ/는 어미초의 연구개음소 /ㄲ/에 동화되어 /ㅇ/로 된다. 이제 기저의 최종단계에서는 더 이상 음운과정을 거칠 것이 없으므로 음성으로 실현된다.

(8) 활용
a. /개갑] 구/ → [개각꾸′] cf. /개갑] 으무/ → [개가부′무] (가볍−, 輕)
b. /높] 구/ → [녹꾸′] cf. /높] 으무/ → [노푸′무] (높−, 高)
c. /없] 구/ → [억′꾸] cf. /없] 으무/ → [업쓰′무] (없−, 無)
d. /얇] 구/ → [약꾸′] cf. /얇] 으무/ → [얄부′무] (엷−, 薄)

e. /닫] 구/ → [닥꾸′] cf. /닫] 으무/ → [다드′무] (닫−, 閉)
f. /맡] 구/ → [막꾸′] cf. /맡] 으무/ → [마트′무] (맡−, 任)
g. /낫] 구/ → [낙′꾸] cf. /낫] 으무/ → [나스′무] (낫−, 愈)
h. /젖] 구/ → [적꾸′] cf. /젖] 으무/ → [저즈′무] (젖−, 潤)

i. /쫓] 구/ → [쫃꾸′] cf. /쫓] 으무/ → [쪼츠′무] (쫓-, 追)

j. /감] 구/ → [강′꾸] cf. /감] 으무/ → [가무′무] (감-, 洗髮)
k. /굶] 구/ → [궁′꾸] cf. /굶] 으무/ → [굼무′무] (굶-, 飢)
l. /껎] 구/ → [껑′쿠] cf. /껎] 으무/ → [꺼무′무] (검-, 黑)

m. /안] 구/ → [앙′꾸] cf. /안] 으무/ → [아느′무] (안-, 抱)
n. /얹] 구/ → [엉꾸′] cf. /얹] 으무/ → [언즈′무] (얹-, 載)
o. /많] 구/ → [망′쿠] cf. /많] 으무/ → [마′느무] (많-, 多)

(8)은 활용어간에 활용어미 /－구/가 통합할 때의 연구개음소화의 예이다. 위의 활용에서 어간말 자음소가 거치는 음운과정도 앞의 곡용에서 어간말 자음소가 거치는 음운과정과 동일하다. 먼저 (8a~d)의 음성형은 다음과 같은 음운과정을 거쳐서 실현된 것이다. (8a)의 어간말의 평파열음소 /ㅂ/ 뒤에서 어미초의 /ㄱ/는 경음소화하여 /ㄲ/로 된다. 다음 어간말의 /ㅂ/는 어미초의 연구개음소 /ㄲ/에 동화되어 /ㄱ/로 된다. 이제 기저의 최종단계에서는 더 이상 음운과정을 거칠 것이 없으므로 음성으로 실현된다. 그리고 (8b)의 어간말 자음소 /ㅍ/와 (8c, d)의 어간말 자음소군 /ㅄ/, /ㄼ/는 어미초의 자음소 앞에서 각각 평파열음소화와 자음소군 단순화 과정을 거쳐서 /ㅂ/로 된다. 다음 어간말의 평파열음소 /ㅂ/ 뒤에서 어미초의 /ㄱ/는 경음소화하여 /ㄲ/로 된다. 그 다음에 어간말의 /ㅂ/는 어미초의 연구개음소 /ㄲ/에 동화되어 /ㄱ/로 된다. 그 다음에 기저의 최종단계에서는 더 이상 음운과정을 거칠 것이 없다. 그러므로 그것들은 음성으로 실현된다.

다음으로 (8e~i)의 음성형은 다음과 같은 음운과정을 거쳐서 실현된 것이다. (8e)의 어간말의 평파열음소 /ㄷ/ 뒤에서 어미초의 /ㄱ/는 경음소화하여 /ㄲ/로 된다. 다음 어간말의 /ㄷ/는 어미초의 연구개음소 /ㄲ/에 동화되어 /ㄱ/로 된다. 이제 기저의 최종단계에서는 더 이상 음운과정을 거칠 것이 없으므로 음성으로 실현된다. 그리고 (8f~i)의 어간말 자음소들은 어미초의 자음소 앞에서 평파열음소화하여 모두 /ㄷ/로 된다. 다음 어간말의 평파열음소 /ㄷ/ 뒤에서 어미초의 /ㄱ/는 경음소화하여 /ㄲ/로 된다. 그 다음에 어간말의 /ㄷ/는 어미초의 연구개음소 /ㄲ/에 동화되어 /ㄱ/로 된다. 그 다음에 기형의 최종단계에서는 더 이상 음운과정을 거칠 것이 없다. 그러므로 그것들은 음성으로 실현된다.

다음으로 (8j~l)의 음성형은 다음과 같은 음운과정을 거쳐서 실현된 것이다. (8j)의 어간말의 자음소 /ㅁ/ 뒤에서 어미초의 /ㄱ/는 경음소화하여 /ㄲ/로 된다. 다음 어간말의 /ㅁ/는 어미초의 연구개음소 /ㄲ/에 동화되어 /ㅇ/로 된다. 이제 기저의 최종단계에서는 더 이상 음운과정을 거칠 것이 없으므로 음성으로 실현된다. 그리고 (8k)의 어간말 자음소 /ㄳ/은 어미초의 자음소 앞에서 자음소군단순화하여 /ㅁ/로 된다. 다음 어간말의 비음소 /ㅁ/ 뒤에서 어미초의 /ㄱ/는 경음소화하여 /ㄲ/로 된다. (8l)의 어미초의 /ㄱ/는 어간말 자음소 /ㄻ/ 뒤에서 유기음소화 하여 /ㅋ/로 된다. 그 다음에 어간말의 /ㅁ/는 어미초의 연구개음소 /ㄲ/나 /ㅋ/에 동화되어 /ㅇ/로 된다. 그 다음에 기저의 최종단계에서는 더 이상 음운과정을 거칠 것이 없다. 그러므로 그것들은 음성으로 실현된다.

끝으로 (8m~o)의 음성형은 다음과 같은 음운과정을 거쳐서 실현된 것이다. (8m)의 어간말의 자음소 /ㄴ/ 뒤에서 어미초의 /ㄱ/는 경음소화하여 /ㄲ/로 된다. 다음 어간말의 /ㄴ/는 어미초의 연구개음소 /ㄲ/에 동화되어 /ㅇ/로 된다. 이제 기저의 최종단계에서는 더 이상 음운과정을 거칠 것이 없으므로 음성으로 실현된다. 그리고 (8n)의 어간말 자음소 /ㄵ/는 어미초의 자음소 앞에서 자음소군단순화하여 /ㄴ/로 된다. 다음 어간말의 비음소 /ㄴ/ 뒤에서 어미초의 /ㄱ/는 경음소화하여 /ㄲ/로 된다. (8o)의 어미초의 /ㄱ/는 어간말 자음소 /ㄶ/ 뒤에서 유기음소화 하여 /ㅋ/로 된다. 그 다음에 어간말의 /ㄴ/는 어미초의 연구개음소 /ㄲ/나 /ㅋ/에 동화되어 /ㅇ/로 된다. 그 다음에 기저의 최종단계에서는 더 이상 음운과정을 거칠 것이 없다. 그러므로 그것들은 음성으로 실현된다.

위와 같은 이 지역어의 연구개음소화를 지배하는 규칙은 아래의 (9)로 나타낼 수 있다.

(9)
$$\begin{bmatrix} \{ㅂ, ㄷ\} \\ \{ㅁ, ㄴ\} \end{bmatrix} \rightarrow \begin{bmatrix} ㄱ \\ ㅇ \end{bmatrix} \ / \ X\_] \text{연구개음소 } Y$$

(C) 양순음소화

양순음소화란 평파열음소화된 어간말의 /ㄴ/, /ㄷ/가 어미초의 양순음소 앞에서 각각 양순음소로 변화하는 것을 말한다. 활용어미 중에는 양순음소로 시작하는 어미가 없기 때문에 이 음운과정은 곡용에만 존재한다. 이러한 사실은 (10)에서 확인할 수 있다.

(10) 곡용
a. /논]마/→[놈′마], /논]보다/→[놈′보다]
　　cf. /논]이/→[노′니](논, 畓)

b. /몯]마/→[몸′마], /몯]보다→[몹′뽀다]
　　cf. /몯]이/→[모′디](못, 釘)

c. /밭]마/→[밤마′], /밭]보다/→[밥뽀′다]
　　cf. /밭]이/→[바티′](밭, 田)

d. /옷]마/→[옴′마], /옷]보다/→[옵′뽀다]
　　cf. /옷]이/→[오′시](옷, 衣)

e. /꽃]마/→[꼼마′], /꽃]보다/→[꼽뽀′다]
　　cf. /꽃]이/→[꼬지′](꽃, 花)

f. /낯]마/→[남마′], /낯]보다/→[납뽀′다]
　　cf. /낯]이/→[나치′](낯, 顔)

(10)은 곡용어간에 양순음소로 시작되는 곡용어미 '−마', '−보다'가 통합할 때의 양순음소화의 예이다. 여기에서 (10a)의 음성형은 다음과 같은 음운과정을 거친 다음에 실현된 것이다. (10a)의 어간말의 /ㄴ/가 어미초의 양순음소 /ㅁ/, /ㅂ/에 동화되어 /ㅁ/로 된다. 이제 기저의 최종 단계에서는 더 이상 음운과정을 거칠 것이 없으므로 음성으로 실현된다.

다음에 (10b~f)의 음성형은 다음과 같은 음운과정을 거친 다음에 실현된 것이다. (10b)의 어간말의 평파열음소 /ㄷ/ 뒤에서 어미초의 /ㅂ/는 경음소화하여 /ㅃ/로 된다. 다음 어간말의 /ㄷ/는 어미초의 양순음소 /ㅁ/와 /ㅃ/에 동화되어 /ㅁ/와 /ㅂ/로 된다. 이제 기저의 최종단계에서는 더 이상 음운과정을 거칠 것이 없으므로 음성으로 실현된다. 그리고 (10c~f)의 어간말 자음소는 평파열음소화 과정을 거쳐 /ㄷ/로 된다. 그 다음에 어간말의 /ㄷ/ 뒤에서 어미초의 /ㅂ/는 경음소화하여 /ㅃ/로 된다. 그 다음 어간말의 /ㄷ/은 어미초의 양순음소 /ㅁ/와 /ㅃ/에 동화되어 /ㅁ/와 /ㅂ/로 된다. 이제 기저형의 최종단계에서는 더 이상 음운과정을 거칠 것이 없으므로 음성으로 실현된다.

위와 같은 이 지역어의 양순음소화를 지배하는 규칙은 아래의 (11)로 나타낼 수 있다.

(11)
{ㄷ, ㄴ} → ㅁ/ X _⟧ㅁ Y

$$\begin{bmatrix} ㄷ \\ ㄴ \end{bmatrix} \rightarrow \begin{bmatrix} ㅂ \\ ㅁ \end{bmatrix} / \text{X} \_\rbrack ㅂ \text{Y}$$

(D) 유음소화

유음소화란 /ㄴ/가 /ㄹ/로 되는 것을 말한다. 이 지역어에서는 어간말 자음소군 /ㄾ/, /ㅀ/, /ㄿ/을 가지는 어간과 /ㄴ/로 시작하는 어미가 통합할 때, /ㅌ/, /ㅎ/, /ㆆ/가 탈락하며, 어미의 첫 음 'ㄴ'는 유음소화된다. 이 지역어에서, 이들을 제외한 'ㄹ'로 시작하는 다른 어간말 자음소군을 가지는 어간은 'ㄴ'로 시작하는 어미와 통합할 때 'ㄹ'가 탈락한다(4.2.1.3. 자음소군단순화 참조). 그렇기 때문에 그들 자음소군을 가진 어간과 통합하는 경우에는 어미의 첫음 'ㄴ'가 유음소화하지 않는다. 즉 어미의 첫음 'ㄴ'의 유음소화는 어간말 자음소군 /ㄾ/, /ㅀ/, /ㅀ/을 가진 어간과 통합하는 경우에만 일어난다. 곡용에는 'ㄴ'로 시작하는 어미가 존재하지 않기 때문에 이 음운과정은 활용에만 존재한다.[26] 이러한 사실은 (12)에서 확인할 수 있다.

(12) 활용
a. /쓿] 는다/ → [쓸른다′] cf. /쓿] 구/ → [쓸쿠′] (슳−, 屑)
b. /듫] 는다/ → [들른다′] cf. /듫] 구/ → [들꾸′] (듣−, 聞)
c. /훑] 는다/ → [훌른다′] cf. /훑] 구/ → [훌꾸′] (훑−, 扱)

(12)는 활용어간에 활용어미 '−는다'가 통합할 때의 유음소화의 예이다. 여기에서 (12a∼c)의 음성형은 다음과 같은 음운과정을 거친 다음에 실현된 것이다. (12a∼c)의 어간말 자음소군은 자음소군단순화를 거쳐 /리/로 된다. 그 다음에 어미초의 /ㄴ/는 어간말의 유음소 /리/에 동화되어 /리/로 된다. 이제 기저형의 최종단계에서는 더 이상 음운과정을 거칠 것이 없으므로 음성으로 실현된다.

여기에서 '/불] 니/ → [부니] (불−, 吹)'에서와 같이, 자음소군단순화 이후, 'ㄹ' 뒤에서 'ㄴ'가 탈락될 환경이지만, 자음소군단순화 후 'ㄹ' 뒤에서 'ㄴ'가 탈락되지 않고 유음소화되는데, 이는 어간의 의미를 파괴하지 않기 위해서 음운규칙의 적용한계가 발생하기 때문이다(최명옥 2005b : 305∼306).

---

26) 유음소화는 단어 경계에서도 일어난다. 예 : [불로리′](불놀이), [달라라′](달나라)

위와 같은 이 지역어의 유음소화는 아래의 (13)의 규칙으로 나타낼 수 있다.

(13)

$$\begin{array}{l} \lceil\; \{ㅌ, ㅎ, ㆆ\} \rightarrow \emptyset \;/\; Xㄹ\_\;\rceil\; ㄴY \\ \;\;\llcorner\; ㄴ \rightarrow ㄹ \;/\; Xㄹ\;\rceil\;\_Y \end{array}$$

4.1.1.3. 경음소화

경음소화란 자음소(자음소군단순화 후)로 끝나는 어간과 평음소로 시작하는 어미가 통합할 때 어미초의 평음소가 경음소로 되는 것을 말한다. 이 음운과정은 곡용과 활용에서 다 일어난다. 이러한 사실은 (14), (15)에서 확인할 수 있다.

(14) 곡용

a. /입ㅣ두/→[입′뚜], /입ㅣ보다/→[입′뽀다]

  cf. /입ㅣ이/→[이′비](입, 口)

b. /잎ㅣ두/→[입′뚜], /잎ㅣ보다/→[입′뽀다]

  cf. /잎ㅣ이/→[이′피](잎, 葉)

c. /갑ㅆㅣ두/→[갑′뚜], /갑ㅆㅣ보다/→[갑′뽀다]

  cf. /갑ㅆㅣ이/→[갑′씨](값, 價)

d. /야듦ㅣ두/→[야듭′뚜], /야듦ㅣ보다/→[야듭′뽀다]

  cf. /야듦ㅣ이/→[야들′비](여덟, 八)

e. /몯ㅣ두/→[몯′뚜], /몯ㅣ보다/→[몹′뽀다]

  cf. /몯ㅣ이/→[모′디](못, 釘)

f. /젙ㅣ두/→[전뚜′], /젙ㅣ보다/→[접뽀′다]

  cf. /젙ㅣ이/→[저티′](곁, 側)

g. /빗ㅣ두/→[빈′뚜], /빗ㅣ보다/→[빕′뽀다]

  cf. /빗ㅣ이/→[비′시](빗, 梳)

   h. /낮] 두/ → [낟′뚜], /낮] 보다/ → [납′뽀다]
     cf. /낮] 이/ → [나′지] (낮, 晝)
   i. /헝겊] 두/ → [헝건뚜′], /헝겊] 보다/ → [헝겁뽀′다]
     cf. /헝겊] 이/ → [헝거치′] (천, 布)

   j. /국] 두/ → [국뚜′], /국] 보다/ → [국뽀′다]
     cf. /국] 이/ → [구기′] (국, 湯)
   k. /흙] 두/ → [흑뚜′], /흙] 보다/ → [흑뽀′다]
     cf. /흙] 이/ → [흘기′] (흙, 土)
   l. /넋] 두/ → [넉′뚜], /넋] 보다/ → [넉′뽀다]
     cf. /넉쓰] 이/ → [넉′씨] (넋, 魂)

   m. /돈] 두/ → [돈′두], /돈] 보다/ → [돔′보다] (돈, 錢)*
   n. /감] 두/ → [감′두], /감] 보다/ → [감′보다] (감, 柿)*
   o. /똥] 두/ → [똥두′], /똥] 보다/ → [똥보′다] (똥, 便)*
   p. /발] 두/ → [발′두], /발] 보다/ → [발′보다] (발, 脚)*

   (14)는 자음소로 끝나는 곡용어간에 평음소로 시작되는 곡용어미 '−두', '−보다'가 통합할 때의 경음소화의 예이다. 여기에서 (14a~d)의 음성형은 다음과 같은 음운과정을 거친 다음에 실현된 것이다. (14a)의 어간말의 평파열음소 /ㅂ/ 뒤에서 어미초의 /ㄷ/와 /ㅂ/는 경음소화되어 각각 /ㄸ/와 /ㅃ/로 된다. 이제 기저의 최종단계에서는 더 이상 음운과정을 거칠 것이 없으므로 음성으로 실현된다. 그리고 (14b)의 어간말 자음소와 (14c, d)의 어간말 자음소군은 각각 평파열음소화와 자음소군단순화를 거쳐 /ㅂ/로 된다. 그 다음에 어간말의 /ㅂ/ 뒤에서 어미초의 평음소 /ㄷ/와 /ㅂ/는 경음소화되어 각각 /ㄸ/와 /ㅃ/로 된다. 이제 기저형의 최종단계에서는 더 이상 음운과정을 거칠 것이 없으므로 음성으로 실현된다.

   다음으로 (14e~i)의 음성형은 다음과 같은 음운과정을 거친 다음에 실현된 것이다. (14e)의 어간말의 평파열음소 /ㄷ/ 뒤에서 어미초의 /ㄷ/

와 /ㅂ/는 경음소화되어 각각 /ㄸ/와 /ㅃ/로 된다. 이제 기저의 최종단계
에서는 더 이상 음운과정을 거칠 것이 없으므로 음성으로 실현된다. 그
리고 (14f~i)의 어간말 자음소들은 어미초의 자음소 앞에서 평파열음소
화하여 /ㄷ/로 된다. 그 다음에 어간말의 /ㄷ/ 뒤에서 어미초의 평음소 /ㄷ/
와 /ㅂ/는 경음소화되어 각각 /ㄸ/와 /ㅃ/로 된다. 이제 기저형의 최종단
계에서는 더 이상 음운과정을 거칠 것이 없으므로 음성으로 실현된다.

다음으로 (14j~l)의 음성형은 다음과 같은 음운과정을 거친 다음에 실
현된 것이다. (14j)의 어간말의 평파열음소 /ㄱ/ 뒤에서 어미초의 /ㄷ/와
/ㅂ/는 경음소화되어 각각 /ㄸ/와 /ㅃ/로 된다. 이제 기저의 최종단계에서
는 더 이상 음운과정을 거칠 것이 없으므로 음성으로 실현된다. 그리고
(14k, l)의 어간말 자음소군은 자음소군단순화에 의하여 /ㄱ/로 된다. 그
다음에 어간말의 /ㄱ/ 뒤에서 어미초의 평음소 /ㄷ/와 /ㅂ/는 경음소화되
어 각각 /ㄸ/와 /ㅃ/로 된다. 이제 기저형의 최종단계에서는 더 이상 음
운과정을 거칠 것이 없으므로 음성으로 실현된다.

그리고 (14m~p)는 비음소 및 유음소로 끝나는 곡용어간과 곡용어미
'-두', '-보다'가 통합할 때의 예인데, 이 지역어에서도 다른 대부분의
지역어에서와 마찬가지로 비음소 및 유음소로 끝나는 어간 뒤에서는 경
음소화가 일어나지 않는다.

(15) 활용
a. /쓰겁] 구/ → [쓰′걱꾸], /쓰겁] 더라/ → [쓰′겁떠라]
   cf. /쓰겁] 어두/ → [쓰′거바두] (쓰-, 苦)
b. /짚] 구/ → [직꾸′], /짚] 더라/ → [집떠′라]
   cf. /짚] 어두/ → [지퍼′두] (깊-, 深)
c. /없] 구/ → [억′꾸], /없] 더라/ → [업′떠라]
   cf. /없] 어두/ → [업′써두] (없-, 無)
d. /굵] 구/ → [국′꾸], /굵] 더라/ → [굽′떠라]
   cf. /굵] 어두/ → [굴′버두] (굵-, 太)

e. /믿ㄱ구/→[믹ㄲ구], /믿ㄱ더라/→[믿ㄸ떠라]
   cf. /믿ㄱ어두/→[미더두] (믿-, 信)

f. /얕ㄱ구/→[약꾸], /얕ㄱ더라/→[얕떠라]
   cf. /얕ㄱ어두/→[야타두] (얕-, 淺)

g. /잇ㄱ구/→[익꾸], /잇ㄱ더라/→[읻떠라]
   cf. /잇ㄱ어두/→[이서두] (있-, 有)

h. /낮ㄱ구/→[낙꾸], /낮ㄱ더라/→[낟떠라]
   cf. /낮ㄱ어두/→[나자두] (낮-, 低)

i. /짖ㄱ구/→[직꾸], /짖ㄱ더라/→[짇떠라]
   cf. /짖ㄱ어두/→[지처두] (짖-, 吠)

j. /눅ㄱ구/→[눅꾸], /눅ㄱ더라/→[눅떠라]
   cf. /눅ㄱ어두/→[누거두] (싸-, 價廉)

k. /낚ㄱ구/→[낙꾸], /낚ㄱ더라/→[낙떠라]
   cf. /낚ㄱ어두/→[나까두] (낚-, 釣)

l. /긁ㄱ구/→[극꾸], /긁ㄱ더라/→[극떠라]
   cf. /긁ㄱ어두/→[글거두] (긁-, 搔)

m. /안ㄱ구/→[앙꾸], /안ㄱ더라/→[안떠라]
   cf. /안ㄱ어두/→[아나두] (안-, 抱)

n. /얹ㄱ구/→[엉꾸], /얹ㄱ더라/→[언떠라]
   cf. /얹ㄱ어두/→[언저두] (얹-, 載)

o. /깜ㄱ구/→[깡꾸], /깜ㄱ더라/→[깜떠라]
   cf. /깜ㄱ어두/→[까마두] (감-, 閉)

p. /삶ㄱ구/→[상꾸], /삶ㄱ더라/→[삼떠라]
   cf. /삶ㄱ어두/→[삼마두] (삶-, 烹)

q. /훑ㄱ구/→[훌꾸], /훑ㄱ더라/→[훌떠라]
   cf. /훑ㄱ어두/→[훌터두] (훑-, 扱)

r. /부뚤ㄱ구/→[부뚤구], /부뚤ㄱ더라/→[부뚤더라(부뚜더라)]
   cf. /부뚤ㄱ어두/→[부뚜러두] (붙들-, 握)*

s. /망글ㄱ구/→[망글구(망그구)], /망글ㄱ더라/→[망그더라(망글더라)]
   cf. /망글ㄱ어두/→[망그 라두] (만들-, 造)*

t. /짚ㅣ구/→[지ʼ꾸], /짚ㅣ더라/→[지ʼ떠라]
　cf. /짚ㅣ어두/→[저ʼ두] (짓-, 作)
u. /걿ㅣ구/→[걸ʼ꾸], /걿ㅣ더라/→[걸ʼ떠라]
　cf. /걿ㅣ어두/→[거러ʼ두] (걷-, 步)

　(15)는 자음소로 끝나는 활용어간에 평음소로 시작되는 활용어미 '-구', '-더라'가 통합할 때의 경음소화의 예이다. 먼저 (15a~d)의 음성형은 다음과 같은 음운과정을 거쳐서 실현된 것이다. (15a)의 어간말의 평파열음소 /ㅂ/ 뒤에서 어미초의 /ㄱ/와 /ㄷ/는 경음소화되어 각각 /ㄲ/와 /ㄸ/로 된다. 이제 기저의 최종단계에서는 더 이상 음운과정을 거칠 것이 없으므로 음성으로 실현된다. 그리고 (15b)의 어간말 자음소 /ㅍ/와 (15c, d)의 어간말 자음소군 /ㅄ/, /ㄼ/는 어미초의 자음소 앞에서 각각 평파열음소화와 자음소군단순화 과정을 거쳐서 /ㅂ/로 된다. 다음 어간말의 평파열음소 /ㅂ/ 뒤에서 어미초의 /ㄱ/와 /ㄷ/는 경음소화되어 /ㄲ/와 /ㄸ/로 된다. 그 다음에 어간말의 /ㅂ/는 어미초의 연구개음소 /ㄲ/에 동화되어 /ㄱ/로 된다. 그 다음에 기저의 최종단계에서는 더 이상 음운과정을 거칠 것이 없다. 그러므로 그것들은 음성으로 실현된다.

　다음으로 (15e~i)의 음성형은 다음과 같은 음운과정을 거쳐서 실현된 것이다. (15e)의 어간말의 평파열음소 /ㄷ/ 뒤에서 어미초의 /ㄱ/와 /ㄷ/는 경음소화되어 각각 /ㄲ/와 /ㄸ/로 된다. 이제 기저의 최종단계에서는 더 이상 음운과정을 거칠 것이 없으므로 음성으로 실현된다. 그리고 (15f~i)의 어간말 자음소들은 어미초의 자음소 앞에서 평파열음소화하여 모두 /ㄷ/로 된다. 다음 어간말의 평파열음소 /ㄷ/ 뒤에서 어미초의 /ㄱ/와 /ㄷ/는 경음소화되어 /ㄲ/와 /ㄸ/로 된다. 그 다음에 어간말의 /ㄷ/는 어미초의 연구개음소 /ㄲ/에 동화되어 /ㄱ/로 된다. 그 다음에 기저형의 최종단계에서는 더 이상 음운과정을 거칠 것이 없다. 그러므로 그것들은 음성으로 실현된다.

다음으로 (15j~l)의 음성형은 다음과 같은 음운과정을 거쳐서 실현된
것이다. (15j)의 어간말의 평파열음소 /ㄱ/ 뒤에서 어미초의 /ㄱ/와 /ㄷ/는
경음소화되어 각각 /ㄲ/와 /ㄸ/로 된다. 이제 기저의 최종단계에서는 더
이상 음운과정을 거칠 것이 없으므로 음성으로 실현된다. 그리고 (15k)
의 어간말 자음소 /ㄲ/와 (15l)의 어간말 자음소군 /ㄺ/는 어미초의 자음
소 앞에서 각각 평파열음소화와 자음소군단순화 과정을 거쳐서 /ㄱ/로
된다. 다음 어간말의 평파열음소 /ㄱ/ 뒤에서 어미초의 /ㄱ/와 /ㄷ/는
경음소화되어 /ㄲ/와 /ㄸ/로 된다. 그 다음에 기저의 최종단계에서는
더 이상 음운과정을 거칠 것이 없다. 그러므로 그것들은 음성으로 실
현된다.

다음으로 (15m~p)의 음성형은 다음과 같은 음운과정을 거쳐서 실현된
것이다. (15m, o)의 어간말의 비음소 /ㄴ/ 및 /ㅁ/ 뒤에서 어미초의 /ㄱ/와
/ㄷ/는 경음소화되어 각각 /ㄲ/와 /ㄸ/로 된다. 이제 기저의 최종단계에서
는 더 이상 음운과정을 거칠 것이 없으므로 음성으로 실현된다. 그리고
(15n)의 어간말 자음소군 /ㄵ/과 (15p)의 어간말 자음소군 /ㄻ/는 어미초
의 자음소 앞에서 자음소군단순화 과정을 거쳐서 각각 /ㄴ/와 /ㅁ/로 된
다. 다음 어간말의 /ㄴ/ 및 /ㅁ/ 뒤에서 어미초의 /ㄱ/와 /ㄷ/는 경음소화
되어 /ㄲ/와 /ㄸ/로 된다. 그 다음에 기저의 최종단계에서는 더 이상 음
운과정을 거칠 것이 없다. 그러므로 그것들은 음성으로 실현된다. 이로
부터 알 수 있는바, 이 지역어에서 활용에서는 곡용에서와는 달리, 자음
소군단순화 후 /ㄴ/, /ㅁ/ 뒤에서 경음소화가 일어난다.

다음으로 (15q~s)는 음성형은 다음과 같은 음운과정을 거쳐서 실현된
것이다. (15q)의 어간말 자음소군 /ㄾ/는 자음소군단순화를 거쳐 /ㄹ/로
된다. 그 다음에 어미초의 평음소 /ㄱ/와 /ㄷ/는 어간말의 유음소 /ㄹ/ 뒤
에서 경음소화하여 /ㄲ/와 /ㄸ/로 된다. 이제 기저형의 최종단계에서는
더 이상 음운과정을 거칠 것이 없으므로 음성으로 실현된다. 하지만

(15r, s)에서와 같이, 어간말의 /ㄹ/ 뒤에서 어미초의 /ㄱ/와 /ㄷ/는 경음소화하지 않는다. (15q)에서, 자음소군단순화 이후, 'ㄹ' 뒤에서 어미초의 /ㄱ/와 /ㄷ/는 경음소화하지 않는 환경이지만, 자음소군단순화 후 'ㄹ' 뒤에서 /ㄱ/와 /ㄷ/가 경음소화되는 것은, 어간의 의미를 파괴하지 않기 위해서 음운규칙의 적용한계가 발생하기 때문이다(최명옥 2005b : 305~306).

끝으로 (15t~u)의 음성형은 다음과 같은 음운과정을 거쳐서 실현된 것이다. 이들은 축약에 의한 경음소화의 예로서, 어간말의 후음소 'ㅎ'과 어미초의 /ㄱ/ 및 /ㄷ/이 축약되어 경음소 /ㄲ/와 /ㄸ/로 된다(4.4.1. 자음소 축약 참조).

위와 같은 이 지역어의 경음소화를 지배하는 규칙은 아래의 (16)으로 나타낼 수 있다.

(16)

$$C_{(평음소)} \rightarrow C_{(경음소)} \ / \ \begin{cases} X \ C_{(비음소\ 제외)} \,]_N \, \_\_Y \\ X \ C_{(ㅎ\ 제외)} \,]_{Vst} \, \_\_Y \end{cases}$$

$$\begin{bmatrix} C \rightarrow \emptyset \ / \ X ㄹ \ \_\_ \,]_{Vst} \ CY \\ C \rightarrow \ C_{(경음소)} \ / \ X ㄹ \,]_{Vst} \ \_\_Y \end{bmatrix}$$

4.1.2. 모음소교체

모음소교체에는 모음소동화, 활음소화, 어미초 '어'의 '아'화 등이 있다. 이하에서 제시된 순서에 따라 논의하기로 한다.

4.1.2.1. 모음소동화

모음소동화란 모음소를 구성하는 어떤 자질의 값이 인접한 음소의 자질값의 영향을 받아 그와 동일한 자질값을 가지게 되는 것을 말한다. 모음소동화에는 원순모음소화, 어미초 '어'의 완전순행동화, 어미초 '으'의 완전순행동화가 있다.

(A) 원순모음소화

원순모음소화에는 양순음소에 의한 원순모음소화와 원순모음소에 의한 원순모음소화의 두 가지가 있다.

(A-1) 양순음소에 의한 원순모음소화

양순음소에 의한 원순모음소화란 형태소 경계에서 양순음소로 끝나는 어간과 '으'로 시작하는 어미가 결합할 때 양순음소가 가지고 있는 [+원순성]의 자질의 영향으로 어미초의 '으'가 '우'로 바뀌는 현상을 말한다.[27] 이 음운과정은 곡용과 활용에 다 존재한다. 이러한 사실은 (17), (18)에서 확인할 수 있다.

> (17) 곡용
> a. /밤] 으/ → [바′무], (밤, 夜)
> b. /밥] 으/ → [바′부], (밥, 飯)
> c. /무릎] 으/ → [무러푸′], (무릎, 膝)
> d. /야듧] 으/ → /[야들′부], (여덟, 八)

(17)은 곡용어간에 곡용어미 '-으'가 통합할 때의 원순모음소화의 예이다. 여기에서 (17a~d)의 음성형은 다음과 같은 음운과정을 거친 다음에 실현된 것이다. (17a, b)의 어간말의 /ㅁ/ 및 /ㅂ/ 뒤에서 어미초의 평순음소 /으/가 원순음소 /우/로 된다. 이제 기저형의 최종단계에서는 더

---

27) 이 음운현상은 형태소 내부에서도 일어난다. 이는 통시적인 음운현상으로 다음과 같은 예들이 있다.
   푸다(프다, 汲), 아푸다(아프다,痛), 고푸다(고프다,餓), 슬푸다(슬프다, 哀), 바뿌다(바쁘다, 忙), 기뿌다(기쁘다,喜)

이상 음운과정을 거칠 것이 없으므로 음성으로 실현된다. 그리고 (17c)의 어간말 자음소와 (17d)의 어간말 자음소군은 각각 평파열음소화와 자음소군단순화를 거쳐 /ㅂ/로 된다. 그 다음에 어간말의 /ㅁ/ 및 /ㅂ/ 뒤에서 어미초의 평순음소 /으/가 원순음소 /우/로 된다. 이제 기저형의 최종단계에서는 더 이상 음운과정을 거칠 것이 없으므로 음성으로 실현된다.

(18) 활용
a. /다듬 ‖ 으무/→[다드′무무] cf. /다듬 ‖ 어서/→[다드′마서] (다듬-, 整)
b. /곪 ‖ 으무/→[곰무′무] cf. /곪 ‖ 어서/→[곰마′서] (곪-, 膿)
c. /꺼ᇡ ‖ 으무/→[꺼무′무] cf. /꺼ᇡ ‖ 어서/→[꺼머′서] (검-, 黑)

d. /마랍 ‖ 으무/→[마라′부무] cf. /마랍 ‖ 어서/→[마라′바서] (마렵-, 尿)
e. /싶 ‖ 으무/→[시′푸무] cf. /싶 ‖ 어서/→[시′퍼서] (싶-, 望)
f. /볿 ‖ 으무/→[볼부′무] cf. /볿 ‖ 어서/→[볼바′서] (볿-, 踏)

(18)은 활용어간에 활용어미 '-으무'가 통합할 때의 원순모음소화의 예이다. 위의 활용에서 어간말 자음소가 거치는 음운과정도 앞의 곡용에서 어간말 자음소가 거치는 음운과정과 동일하다. 먼저 (18a~c)의 음성형은 다음과 같은 음운과정을 거쳐서 실현된 것이다. (18a)의 어간말의 /ㅁ/ 뒤에서 어미초의 평순음소 /으/가 원순음소 /우/로 된다. 이제 기저형의 최종단계에서는 더 이상 음운과정을 거칠 것이 없으므로 음성으로 실현된다. 그리고 (18b)의 어간말 자음소군 /ㄻ/는 어미초의 자음소 앞에서 자음소군단순화 과정을 거쳐서 /ㅁ/로 된다. 그리고 (18c)의 어간말 자음소군 /ㅁㅎ/는 모음소로 시작하는 어미와 통합할 때 /ㅎ/이 탈락하여 /ㅁ/만 남는다. 그 다음에 어간말의 /ㅁ/ 뒤에서 어미초의 평순음소 /으/가 원순음소 /우/로 된다. 그 다음에 기저형의 최종단계에서는 더 이상 음운과정을 거칠 것이 없다. 그러므로 그것들은 음성으로 실현된다.

다음으로 (18d~f)의 음성형은 다음과 같은 음운과정을 거쳐서 실현된 것이다. (18d)의 어간말의 /ㅂ/ 뒤에서 어미초의 평순음소 /으/가 원순음소 /우/로 된다. 이제 기저형의 최종단계에서는 더 이상 음운과정을 거칠 것이 없으므로 음성으로 실현된다. 그리고 (18e, f)의 음성형은 다음과 같은 음운과정을 거쳐서 실현된 것이다. (18e)의 어간말 자음소 /ㅍ/와 (18f)의 어간말의 /ㅂ/ 뒤에서 어미초의 평순음소 /으/가 원순음소 /우/로 된다. 그 다음에 기저형의 최종단계에서는 더 이상 음운과정을 거칠 것이 없다. 그러므로 그것들은 음성으로 실현된다.

(A-2) 어간말 음절의 원순모음소에 의한 원순모음소화

어간말 음절의 원순모음소에 의한 원순모음소화는 어간말 음절의 원순모음소에 의하여 어미초의 '으'가 원순모음으로 되는 현상을 말한다.[28] 이 음운과정은 곡용과 활용에 다 존재한다. 이러한 사실은 (19), (20)에서 확인할 수 있다.

(19) 곡용
a. /문] 으/ → [무누′] (문, 門)
b. /비눌] 으/ → [비누′루] (비누, 洗濯劑)
c. /웨국] 으/ → [웨구′구] (외국, 外國)

d. /속] 으/ → [소′구] (속, 內)
e. /녹깡촌] 으/ → [녹깡초′느] (록강촌, 村名)*
f. /몯] 으/ → [모′드] (못, 釘)*

(19)는 어간말 음절이 원순모음소인 곡용어간에 곡용어미 '-으'가 통합할 때의 원순모음소화의 예이다. 먼저 (19a~c)의 어간말 음절 모음소

---

28) 이러한 음운현상은 형태소 내부에서도 일어난다. 이는 통시적인 음운현상으로 다음과 같은 예들이 있다.
　　고루다(고르다, 選), 모루다(모르다, 不知), 오루다(오르다, 遷 ; 登), 구루다(구르다, 轉),
　　누루다(누르다, 壓), 무루다(무르다, 軟), 부루다(부르다, 呼), 푸루다(푸르다, 靑)

가 /ㅜ/인 경우인데, 그 음성형은 다음과 같은 음운과정을 거쳐서 실현된 것이다. (19a~c)의 어미초의 평순음소 /으/는 어간말 음절모음의 /ㅜ/ 뒤에서 원순음소 /ㅜ/의 영향을 받아 /우/로 된다. 그 다음에 기저형의 최종단계에서는 더 이상 음운과정을 거칠 것이 없다. 그러므로 그것들은 음성으로 실현된다.

다음으로 (19d~f)의 어간말 음절 모음소가 /ㅗ/인 경우의 예이다. (19d~f)에서 보듯이, 이 지역어에서 어간말 음절의 원순모음소에 의한 원순모음소화는 어간말 음절의 모음소가 'ㅗ'일 때에는 어간말이 연구개음소 이외의 자음소로 끝나면 원순모음소화가 일어나지 않는다.

(20) 활용
a. /죽ㅣ으무/ → [주구′무] cf. /죽ㅣ어서/ → [주거′서] (죽−, 死)
b. /묻ㅣ으무/ → [무두′무] cf. /묻ㅣ어서/ → [무더′서] (묻−, 埋)
c. /뿔ㅣ으무/ → [뿌루′무] cf. /뿔ㅣ어서/ → [뿌러′서] (붇−, 增)
d. /붓ㅣ으무/ → [부수′무] cf. /붓ㅣ어서/ → [부서′서] (붓−, 腫)
e. /훑ㅣ으무/ → [훌투′무] cf. /훑ㅣ어서/ → [훌터′서] (훑−, 扱)

f. /쏙ㅣ으무/ → [쏘구′무] cf. /쏙ㅣ어서/ → [쏘가′서] (쏙−, 欺)
g. /좋ㅣ으무/ → [조′우무] cf. /좋ㅣ어서/ → [조′아서] (좋−, 好)
h. /곯ㅣ으무/ → [고루′무] cf. /곯ㅣ어서/ → [고라′서] (곯−, 豚)

(20)은 어간말 음절이 원순모음소인 활용어간에 활용어미 '−으무'가 통합할 때의 원순모음소화의 예이다. 먼저 (20a~e)는 어간말 음절 모음소가 /ㅜ/인 경우인데, 그 음성형은 다음과 같은 음운과정을 거쳐서 실현된 것이다. (20a~e)의 어미초의 평순음소 /으/는 어간말 음절의 모음소 /ㅜ/ 뒤에서 원순음소 /ㅜ/의 영향을 받아 /우/로 된다. 그 다음에 기저형의 최종단계에서는 더 이상 음운과정을 거칠 것이 없다. 그러므로 그것들은 음성으로 실현된다.

다음으로 (20f~h)는 어간말 음절 모음소가 /ㅗ/인 경우인데, 그 음성형은 다음과 같은 음운과정을 거쳐서 실현된 것이다. (20f~h)의 어미초의 평순음소 /으/는 어간말 음절의 모음소 /ㅗ/ 뒤에서 원순음소 /ㅗ/의 영향을 받아 /우/로 된다. 그 다음에 기저형의 최종단계에서는 더 이상 음운과정을 거칠 것이 없다. 그러므로 그것들은 음성으로 실현된다. (20f~h)에서 보듯이, 활용에서는 곡용에서와 달리 어간말 음절의 모음소가 'ㅗ'인 경우에도 원순모음소화가 일어난다.

위와 같은 이 지역어의 원순모음소화를 지배하는 규칙은 아래의 (21)로 나타낼 수 있다.

(21)
ㅡ → ㅜ / XC$_{(양순음소)}$] __ C
ㅡ → ㅜ / XV$_{(원순음소)}$C] __ C

(B) 어미초 '어'의 완전순행동화

어미초 '어'의 완전순행동화란 '에'나 '애'로 끝나는 어간과 '어'로 시작하는 어미가 결합할 때, 어미초의 '어'가 어간말 모음과 동일하게 되는 음운과정을 말한다. 이 음운과정은 활용에만 존재한다. 이러한 사실은 (22), (23)에서 확인할 수 있다.

(22) 곡용
/정애] 아/ → [정′애야] (정애, 人名)

(22)는 '애, 에'로 끝나는 어간에 호격어미 '−아'가 통합할 때의 예이다. 이때 (22)에서 보듯이, 이 음운과정이 일어날 환경임에도 불구하고, 곡용어미 '−아'는 결코 어간말 모음소에 완전순행동화하지 않는다.

(23) 활용

a. /배ㅣ어두/ → [배′애두] cf. /배ㅣ구/ → [배′구] (배-, 狹)
b. /지대ㅣ어두/ → [지′대애두] cf. /지대ㅣ구/ → [지′대구] (기대-, 依支)
c. /파래ㅣ어두/ → [파′래애두] cf. /파랗ㅣ구/ → [파′라쿠] (파랗-, 碧)
d. /쇄ㅣ어두/ → [쇄′애두] cf. /쇄ㅣ구/ → [쇄′구] (쇠-, 老)

e. /메ㅣ어두/ → [메′에두] cf. /메ㅣ구/ → [메′구] (메-, 擔)
f. /쎄ㅣ어두/ → [쎄′에두] cf. /쎄ㅣ구/ → [쎄′구] (세-, 强)
g. /스레ㅣ어두/ → [스′레에두] cf. /슳ㅣ구/ → [슬′쿠] (싫-, 厭)
h. /꿰ㅣ어두/ → [꿰′에두] cf. /꿰ㅣ구/ → [꿰구′] (꿰-, 貫通)

(23)은 'ㅐ'나 'ㅔ'로 끝나는 활용어간에 활용어미 '-어두'가 통합할 때 어미초 '어'의 완전순행동화를 보여주는 예이다. 먼저 (23a~d)는 어간말 음절 모음소가 /ㅐ/인 경우인데, 그 음성형은 다음과 같은 음운과정을 거쳐서 실현된 것이다. (23a~d)의 어미초의 /어/는 어간말 음절 /ㅐ/ 뒤에서 /애/로 교체된다. 그 다음에 기저형의 최종단계에서는 더 이상 음운과정을 거칠 것이 없다. 그러므로 그것들은 음성으로 실현된다. 그리고 (23e~h)는 어간말 음절 모음소가 /ㅔ/인 경우인데, 그 음성형은 다음과 같은 음운과정을 거쳐서 실현된 것이다. (23e~h)의 어미초의 /어/는 어간말 음절 /ㅔ/ 뒤에서 /에/로 교체된다. 그 다음에 기저형의 최종단계에서는 더 이상 음운과정을 거칠 것이 없다. 그러므로 그것들은 음성으로 실현된다. (23a~h)에서 보듯이, 활용에서는 어간말 음절의 'ㅐ', 'ㅔ'의 영향을 받아 어미초의 '어'가 예외 없이 '애', '에'로 완전순행동화된다.

위와 같은 이 지역어의 어미초 '어'의 완전순행동화는 아래의 (24)의 규칙으로 나타낼 수 있다.

(24)
어 → Vi / XVi] $_{Vst}$ __Y [Vi={애, 에}]

(C) 어미초 '으'의 완전순행동화

어미초 '으'의 완전순행동화란 '으'로 시작하는 어미와 통합될 때, 어간말의 자음이 탈락한 다음에, 어미초의 '으'가 어간말 모음과 동일하게 되는 음운과정을 말한다. 이 음운과정은 곡용과 활용에 모두 존재한다. 곡용의 경우는 'ㅇ(ŋ)'으로 끝나는 어간과 대격어미 /-으/가 통합할 때 일어나고, 활용의 경우는 후음소 'ㅎ' 또는 'ㆆ'으로 끝나는 어간과 어미 /-으무/가 통합할 때와 모음소나 유음소로 끝나는 어간과 하오체의 종결어미 /-음메/, /-읍떼/가 통합할 때 일어난다. 이러한 사실은 (25), (26), (27)에서 확인할 수 있다.

(25) 곡용
a. /상] 으 (채리오)/ → [사아(sāā′) 채리′오] (상을 차리시오)
b. /(소매)통] 으 (줄여라)/ → [(소매)토오(thõ′õ) 쭈레′라] (소매 통을 줄여라)
c. /증명] 으 (떼개구)/ → [증며어(cɯŋmjə̃′ə̃) 떼′개구] (증명을 떼어 가지고)

(25)는 'ㅇ(ŋ)'으로 끝나는 곡용어간에 곡용어미 '-으'가 통합할 때 어미초 '으'의 완전순행동화함을 보여주는 예이다. (25a~c)의 음성형은 다음과 같은 음운과정을 거쳐서 실현된 것이다. 어간 말의 'ㅇ(ŋ)'은 '으'로 시작하는 어미 앞에서 탈락되며, 그 후 어미초의 '으'는 어간말 모음소와 동일하게 된다. 그 다음에 기저의 최종단계에서는 더 이상 음운과정을 거칠 것이 없으므로 음성으로 실현된다. 즉 (25a)의 음성형 [사아(sāā′)]는 기저형 '/상] 으/'으로부터 '/상(saŋ)으/ → /사(sā)으/ → /사아(sāā)/'와 같은 음운과정을 거쳐서 실현된 것이다.[29] 보다시피 곡용에서의 이 음운과정은 어간말 'ㅇ(ŋ)'이 탈락한 뒤에 일어나는데, 어간말 'ㅇ(ŋ)'은 먼

---

29) 동북 동남 방언에 존재하는 이 음운현상을 기술하기 위해서는 기저음소 목록에서 비모음소를 인정해야 한다. 하지만 음소적 변별력을 가지지 않는 것은 기저에 표시할 수 없다. 이에 대한 논의는 이진호(2001)를 참조하라.

저 그것이 있는 음절모음을 비음소화하고 그 다음에 탈락된다.

(26) 활용
a. /땋ㅣ으무/→[따′아무] cf. /땋ㅣ구/→[따쿠′] (땋−, 辮)
b. /갠챃ㅣ으무/→[갠채′애무] cf. /갠챃ㅣ구/→[갠채′쿠] (괜찮−, 無妨)
c. /엏ㅣ으무/→[여어무′] cf. /엏ㅣ구/→[여쿠′] (넣−, 入)
d. /좋ㅣ으무/→[조′오무] cf. /좋ㅣ구/→[조′쿠] (땋−, 辮)
e. /끟ㅣ으무/→[끄으′무] cf. /끟ㅣ구/→[끄쿠′] (켜−, 引水)
f. /찧ㅣ으무/→[찌′이무] cf. /찧ㅣ구/→[찌쿠′] (찧−, 搗)

g. /붛ㅣ으무/→[부우′무] cf. /붛ㅣ구/→[부꾸′] (붓−, 注)
h. /짛ㅣ으무/→[지′이무] cf. /짛ㅣ구/→[지′꾸] (짓−, 作)

  (26)은 'ㅎ, ㆆ'으로 끝나는 활용어간에 활용어미 '−으무'가 통합할 때 어미초 '으'가 완전순행동화 함을 보여주는 예이다.[30] (26a~h)의 음성형은 다음과 같은 음운과정을 거쳐서 실현된 것이다. (26a~f)와 (26g, h)의 어간말의 후음소 'ㅎ', 'ㆆ'는 '으'로 시작하는 어미 앞에서 탈락되며, 그 후 어미초의 '으'는 어간말 모음소과 동일하게 된다. 그 다음에 기저의 최종단계에서는 더 이상 음운과정을 거칠 것이 없으므로 음성으로 실현된다. 이때, 유성음 사이에서 'ㅎ, ㆆ'이 탈락한 후, 모음으로 끝나는 어간 뒤에서 어미초의 '으'가 탈락해야 되는 환경이지만, 탈락되지 않고 어간말 음절 모음과 동일하게 동화되는데, 이것도 역시 어간의 의미를 파괴하지 않기 위해서 음운규칙의 적용한계가 발생하기 때문이다(최명옥 2005b : 306~307).

(27) 활용
a. /빼키ㅣ음메/→[빼킴′임메] /빼키ㅣ읍떼/→[빼키′입떼]

---

30) '놓−(放)'는 '/놓ㅣ으무/→[노우′무]'에서와 같이 어미초 '으'의 완전순행동화가 일어나지 않는다.

cf. /빼키ㅣ으무/→[빼키′무](바르–, 摘出)

b. /쉬ㅣ음메/→[쉬′임메] /쉬ㅣ읍떼/→[쉬′입떼]

cf. /쉬ㅣ으무/→[쉬′무](쉬–, 休)

c. /빼ㅣ음메/→[빼′앰메] /빼ㅣ읍떼/→[빼′앱떼]

cf. /빼ㅣ으무/→[빼′무](빼–, 拔)

d. /가트ㅣ음메/→[가′트음메] /가트ㅣ읍떼/→[가′트읍떼]

cf. /가트ㅣ으무/→[가′트무](같–, 同)

e. /서ㅣ음메/→[서′엄메] /서ㅣ읍떼/→[서′업떼]

cf. /서ㅣ으무/→[서무′](서–, 立)

f. /딸구ㅣ음메/→[딸구′움메]   /딸구ㅣ읍떼/→[딸구′웁떼]

cf. /딸구ㅣ으무/→[딸구′무](쫓–, 追)

g. /보ㅣ음메/→[보′옴메] /보ㅣ읍떼/→[보′읍떼]

cf. /보ㅣ으무/→[보무′](보–, 視)

h. /가ㅣ음메/→[가′암메] /가ㅣ읍떼/→[가′압떼]

cf. /가ㅣ으무/→[가무′](가–, 去)

i. /울ㅣ음메/→[우′움메]   /우ㅣ읍떼/→[우′웁떼]

cf. /울ㅣ으무/→[울′무](울–, 哭)

j. /망글ㅣ음메/→[망그′음메]   /망그ㅣ읍떼/→[망그′읍떼]

cf. /망글ㅣ으무/→[망글′무](만들–, 造)

　　(27)은 모음소 또는 유음소로 끝나는 활용어간에 활용어미 /–음메/, /–읍떼/가 통합할 때 어미초 '으'가 완전순행동화 함을 보여주는 예이다.[31] 먼저 (27a~h)는 모음소로 끝나는 활용어간에 어미가 통합한 예인데 그 음성형은 다음과 같은 음운과정을 거쳐서 실현된 것이다. (27a~h)의 어미초의 '으'는 어간말의 어간말의 모음소 뒤에서 어간말 모음소와

---

31) 이 경우, 어미초 '으'의 완전순행동화와 어미초 '으'의 탈락이 수의적으로 일어난다. 젊은층으로 갈수록 어미초 '으'의 완전순행동화가 일어나는 쪽보다는 어미초의 '으'가 탈락한 후 바로 음성으로 실현되는 쪽으로 더 많이 발화된다. 즉 '[움′메], [함′메]'형의 음성형과 '[우′움메], [하′암메]'형의 음성형이 모두 나타나며 젊은층으로 갈수록 '[움메], [함메]'형의 음성형이 많이 나타난다.

동일하게 된다. 그 다음에 기저의 최종단계에서는 더 이상 음운과정을 거칠 것이 없으므로 음성으로 실현된다. 그리고 (27i, j)는 유음소로 끝나는 활용어간에 활용어미가 통합한 예인데, 그 음성형은 다음과 같은 음운과정을 거쳐서 실현된 것이다. (27i, j)의 어간말의 '르'는 어미초의 '으' 앞에서 탈락되며, 그 후 어미초의 '으'는 어간말 음절의 모음소와 동일하게 된다. 그 다음에 기저의 최종단계에서는 더 이상 음운과정을 거칠 것이 없으므로 음성으로 실현된다.

그런데 모음소 또는 유음소로 끝나는 활용어간에 활용어미 /−으무/가 통합하는 경우에는 위의 예에서 보다시피, 모음소나 유음소 뒤에서 어미초의 '으'가 탈락한 후 바로 음성으로 실현될 뿐, 어미초 '으'의 완전순행동화는 일어나지 않는 것을 볼 수 있다. 이것은 활용어미 /−음메/, /−읍떼/는 기원적으로 반치음 'ᅀ'를 가지고 있었던 것의 통시적인 변화와 연관되기 때문이다.

위와 같은 이 지역어의 어미초 '으'의 완전순행동화를 지배하는 규칙은 아래의 (28)로 나타낼 수 있다.

(28)
으→Vi / XVi]_N __Y [Vi는 어간말 ㅇ(ŋ)이 삭제된 뒤의 어간 모음임.]
으→Vi / XVi]_Vst __Y [Vi는 어간말 후음(ㅎ, ㆆ)이 삭제된 뒤의 어간
　　　　　　　　　모음임.]
으→Vi / XVi]_Vst __{음메, 읍떼} [Vi는 모음소로 끝나는 어간의 어간
　　　　　　　　　모음 또는 어간말 유음(ㄹ)이 삭제된 뒤의 어간
　　　　　　　　　모음임.]

4.1.2.2. 활음소화

활음소화란 '이'로 끝나는 어간 또는 '오'나 '우'로 끝나는 어간과 '에' 또는 '어'로 시작하는 어미가 통합할 때 '이'가 활음소 /j/로, '오'나

'우'가 활음소 /w/로 되는 음운과정을 말한다. 활음소화는 실현되는 활음소의 성격에 따라서 j화와 w화로 구분할 수 있다.

  (A) j화

  j화는 '이'로 끝나는 어간과 '에' 또는 '어'로 시작하는 어미가 통합할 때 '이'가 활음소 /j/로 되는 음운과정을 말한다. 이 지역어에서 j화는 곡용과 활용에서 다 일어난다. 곡용에서의 j화는 '이'로 끝나는 명사에 곡용어미 '−에Y'가 통합할 때 일어난다. 이러한 사실은 (29)에서 확인할 수 있다.

(29) 곡용
a. /짐치] 에다/ →[짐체′다 (생가~아~ 아이 여치비.)] (김치에 생강을
   넣지 않지요.)
b. /둥기] 에서/ →/둥계서/ →[둥게′서 (꺼내오.)] (독에서 꺼내오.)
c. /머리] 에다/ →/머레/ →[머레′ (머이 무더씀메.)] (머리에 뭐가 묻었어요)
d. /조이] 에다/ →[조예다′ (쓰음메.)] (종이에 써요.)

e. /비] 에/ →[비에′ (저저쏘.)] (비에 젖었소.)*

  (29)는 '이'로 끝나는 곡용어간에 곡용어미 /−에Y/가 통합할 때의 활음소화의 예이다. 여기에서 (29a~d)의 음성형은 다음과 같은 음운과정을 거친 다음에 실현된 것이다. 이들은 '/짐치] 에다/ →/짐쳬다/ →/짐체다/ →[짐체′다]'에서와 같이, 어간말의 '이'는 어미초의 '에' 앞에서 j화한 뒤에 그 앞에 자음이 있을 때에는 j가 다시 탈락되고 자음이 없을 때에는 j화 한 뒤에 탈락하지 않고 그대로 있게 된다. 그 다음에 기저의 최종단계에서는 더 이상 음운과정을 거칠 것이 없으므로 음성으로 실현된다. 그리고 (29e)에서 보듯이, '이'로 끝나는 1음절어간에 '에'가 통합할 때에는 j화를 보이지 않는다.[32]

다음 활용에서의 j화는 '이'로 끝나는 어간과 '어'로 시작하는 어미가 통합할 때 일어나는데, 어간의 음절수나 어간말 음절구조에 관계없이 다 일어난다. 활용에서 이 지역어의 j화는 j화, 모음소축약, j탈락 등의 음운 과정을 거치게 된다. 이러한 사실은 (30)을 통하여 확인할 수 있다.

(30) 활용
a. /이] 어서/ → [예′서] cf. /이] 더라/ → [이더′라] (이-, 戴)
b. /모이] 어서/ → [모예′서] cf. /모이] 더라/ → [모이′더라] (모이-, 集)
c. /도이] 어서/ → [도예′서] cf. /도이] 더라/ → [도이′더라] (죄-, 縮)

d. /기] 어서/ → [게′서] cf. /기] 더라/ → [기′더라] (기-, 匍腹)
e. /쥐기] 어서/[쥐게′서] cf. /쥐기] 더라/ → [쥐기′더라] (끄-, 消)
f. /끄니] 어서/ → [끄네′서] cf. /끄니] 더라/ → [끄니′더라] (끊-, 切)
g. /뒤디리] 어서/ → [뒤디′레서]
   cf. /뒤디리] 더라/ → [뒤디′리더라] (두드리-, 敲)
h. /여비] 어서/ → [여베′서] cf. /여비] 더라/ → [여비′더라] (여위-, 瘠)
i. /마시] 어서/ → [마세′서] cf. /마시] 더라/ → [마시′더라] (여위-, 瘠)
j. /빼키] 어서/ → [빼케′서] cf. /빼키] 더라/ → [빼키′더라] (바르-, 摘出)
k. /데피] 어서/ → [데페′서] cf. /데피] 더라/ → [데피′더라] (데우-, 焐)
l. /히] 어서/ → [헤′서] cf. /히] 더라/ → [히′더라] (희-, 白)

m. /뛰] 어서/ → [뛔′서] cf. /뛰] 더라/ → [뛰더′라] (뛰-, 走)
n. /뀌] 어서/ → [꿰′서] cf. /뀌] 더라/ → [뀌′더라] (뀌-, 屁)
o. /쥐] 어서/ → [줴′서] cf. /쥐] 더라/ → [쥐′더라] (쥐-, 握)

---

32) 일반적으로 활음소화는 활용에서만 일어나고 곡용에서는 일어나지 않은 것으로 알려져 있다(이병근 1975 : 36). 따라서 이 지역어에서 발견되는 곡용에서의 활음소화는 매우 특이한 경우에 속한다. 지금까지 이 음운과정은 육진지역어와 경북 경주지역어에 존재 하는 것으로 보고 된 적이 있는데(최명옥(1982), 곽충구(1991)), 육진지역어에서는 '머리, 베까리' 등 일부 어간에서는 '이'의 j화가 가능한 환경에서도 j화를 보이지 않는 예가 발견된다고 하였으며(최명옥·곽충구·배주채·전학석 2002 : 53), 경주지역어에서는 j 화뿐만 아니라 w화도 존재한다고 한다(최명옥 1982 : 108~109).

p. /만지] 어서/ → /만져서/ → /만제서/ → [만제′서]
  cf. /만지] 더라/ → [만지′더라] (만지-, 搎)
q. /껑지] 어서/ → [껑제′서] cf. /껑지] 더라/ → [껑지′더라] (건지-, 扱)
r. /고치] 어서/ → [고체′서] cf. /고치] 더라/ → [고치′더라] (고치-, 改)
s. /훔치] 어서/ → [훔체′서] cf. /훔치] 더라/ → [훔치′더라] (훔치-, 盜)

t. /해지] 어서/ → /해져서/ → /해저서/ → [해′저서]
  cf. /해지] 더라/ → [해′지더라] (해지-, 破)
u. /자빠지] 어서/ → [자빠′저서]
  cf. /자빠지] 더라/ → [자빠′지더라] (자빠지-, 後倒)
v. /치] 어서/ → [처′서] cf. /치] 더라/ → [치′더라] (치-, 打)
w. /찌] 어서/ → [쩌′서] cf. /찌] 더라/ → [찌′더라] (찌-, 蒸)

x. /찧] 어서/ → /찌어서/ → /쩌서/ → /쩌서/ → [쩌′서]
  cf. /찧] 더라/ → [찌터′라] (찧-, 搗)
y. /징] 어서/ → [저′서] cf. /징] 더라/ → [지′떠라] (짓-, 作)

(30)은 '이'로 끝나는 활용어간에 활용어미 /−어Y/가 통합할 때의 활음소화의 예이다. 먼저 (30a~c)는 어간말 음절이 음절초에 자음이 없이 '이'로 끝나는 어간과 활용어미 '어서'가 통합할 때의 j화의 예이다. 이들의 음성형은 다음과 같은 음운과정을 거친 다음에 실현된 것이다. 이들은 '/이] 어서/ → /이여서/ → /이에서/ → /예서/ → [예′서]'에서와 같이, 어간말의 'ㅣ'와 어미초의 '어'가 통합할 때 먼저 활음삽입이 일어나서 어미초의 '어'가 '여'로 되며, 그 후 활음삽입된 '여'가 '에'로 축약된다. 그 후 어간말의 '이'와 축약된 '에'가 통합하면서 j화가 발생한다. 그 다음에 기저의 최종단계에서는 더 이상 음운과정을 거칠 것이 없으므로 음성으로 실현된다. 즉 'j삽입−축약−j화'의 과정을 거쳐 음성으로 실현되는바, 어간말의 '이'와 어미초의 '어'가 통합할 때 바로 활음소화가 되지 않고 활음소삽입을 발생시키는 이것은 어간을 지켜 쓰려던 노력인 것으로 보인다(최명옥 1995a : 172~173).

그리고 (30d~l)는 어간말 음절이 음절초에 자음이 있는 '이'로 끝나는 어간과 활용어미 '어서'가 통합할 때의 j화의 예이다. 이들의 음성형은 다음과 같은 음운과정을 거친 다음에 실현된 것이다. 이들은 '/기⫽어서/ →/겨서/ →/게서/ →[게′서]'에서와 같이, 어간말의 '이'와 어미초의 '어'가 통합할 때 먼저 활음소화가 일어난 후, '여'가 '에'로 축약된다. 그 다음에 기저의 최종단계에서는 더 이상 음운과정을 거칠 것이 없으므로 음성으로 실현된다.

그리고 (30m~o)는 어간말 음절이 'wi'로 끝나는 어간과 활용어미 '어서'가 통합할 때의 j화의 예이다. 이들의 음성형은 다음과 같은 음운과정을 거친 다음에 실현된 것이다. 이들은 '/t'wi⫽əsə/ →/t'wjəsə/ →/t'wesə/ →[t'we′sə]'에서와 같이, 어간말의 'wi'의 'i'와 어미초의 '어'가 통합할 때 먼저 활음소화가 일어난 후, '여'가 '에'로 축약된다. 그 다음에 기저의 최종단계에서는 더 이상 음운과정을 거칠 것이 없으므로 음성으로 실현된다.[33]

그리고 (30p~w)는 '지, 치'로 끝나는 어간과 활용어미 '-어서'가 통합할 때의 j화의 예이다. 먼저 (30p~s)의 음성형은 다음과 같은 음운과정을 거친 다음에 실현된 것이다. 이들은 '/만지⫽어서/ →/만져서/ →/만제서/ →[만제′서]'에서와 같이, 어간말의 '이'와 어미초의 '어'가 통합할 때 먼저 활음소화가 일어난 후, '여'가 '에'로 축약된다. 그 다음에 기저의 최종단계에서는 더 이상 음운과정을 거칠 것이 없으므로 음성으로

---

33) 최명옥·곽충구·배주채·전학석(2002 : 55)에도 지적되었지만, 이 지역어에서도 이중모음 'wi(위)'의 'i(이)'만이 활음소화에 관여한다. 때문에 'i'와 'w'는 독립된 단위로 보아야 한다. 즉 w선행 이중모음을 독립된 음운 단위로 볼 것이 아니라 두 기저음소의 결합체로 보아야 한다. 또한 앞의 어미초 '으'의 완전순행동화에서 /옇⫽으무/ →[여어무′]에서도, 'ㅎ'가 탈락된 후 완전순행동화가 일어나는데, 여기에서도 이중모음 'jə(여)'의 'ə(어)'만이 어미초 '으'의 완전순행동화에 관여한다. 때문에 'j'와 'ə'도 독립된 단위로 보아야한다. 이로부터 볼 때 이중모음을 독립된 음운단위로 볼 것이 아니라 두 기저음소의 결합체로 보아야 한다.

실현된다. 그러나 (30t~w)는 다음과 같은 음운과정을 거친 다음에 실현
된다. 이들은 '/해지 ⟧ 어서/ → /해져서/ → /해저서/ → [해′저서]'에서와 같
이, 어간말의 '이'는 어미초의 '어'와 통합할 때 먼저 활음소화가 일어난
후, 'ㅈ' 뒤에서 j가 다시 탈락되어 '어'로 된다. 그 다음에 기저의 최종
단계에서는 더 이상 음운과정을 거칠 것이 없으므로 음성으로 실현된다.
이로부터, 이 지역어에서 (30p~s)와 (30t~w)는 어간말 음절이 모두 동
일하게 '지, 치'로 끝나지만 어미 /−어Y/와 통합할 때 (30p~s)에서는
활음소화−축약의 과정을 거치고, (30t~w)에서는 활음소화−활음소탈락
의 과정을 거쳐 음성으로 실현되는 것을 알 수 있다.34)

　끝으로 (30x, y)는 어간말 음절이 중성 '이'와 종성 '후음소'로 구성될
때, 이 어간에 활용어미 /−어서/가 통합한 예이다. 이들의 음성형은 다
음과 같은 음운과정을 거친 다음에 실현된 것이다. 이들은 '/찛 ⟧ 어서/
→ /찌어서/ → /쩌서/ → /쩌서/ → [쩌′서]'에서와 같이 어간말의 'ㅎ, ㆆ'이
유성음 사이에서 탈락을 거친 다음 남은 중성 '이'가 j화를 일으키고, 다
시 j탈락이 일어난다. 그 다음에 기저의 최종단계에서는 더 이상 음운과
정을 거칠 것이 없으므로 음성으로 실현된다. 즉 어간말 'ㅎ'탈락, j화, j
탈락과 같은 음운과정을 거쳐 실현된 것이다.

　(B) w화
　w화는 '오'나 '우'로 끝나는 어간과 '어'로 시작하는 어미가 통합할
때 '오'나 '우'가 활음소 /w/로 되는 음운과징을 말한다. 이 지역어에서
곡용에서는 w화가 일어나지 않는다. 이러한 사실은 (31)에서 확인할 수
있다.

---

34) 일반적으로 '−어지다'형의 어간과 일음절 어간인 경우에는 '활음소화−활음소탈락'의
　　과정을 거치고, 그 외의 경우에는 '활음소화−축약'의 과정을 거쳐 음성으로 실현되는
　　것으로 관찰된다. 그리고 노인층에서는 상기와 같은 두 종류의 서로 다른 음운과정을
　　거치지만 젊은층에서는 어떤 경우에도 모두 '활음소화−축약'의 음운과정만 거친다.

(31) 곡용

/영수ㅣ아/→[영′수야] ([영쇠]*) (영수, 인명)

(31)은 '우'로 끝나는 곡용어간에 호격어미 '-아'가 통합하는 예이다. 곡용에서는 /X(C)-ㅣ아(호격)/이 어간말 '오'나 '우'가 w화 할 수 있는 환경이 되지만, 모음으로 끝나는 어간과 곡용어미 '-아'가 통합할 때에는 '/영수ㅣ아/→[영′수야]'와 같이 의무적으로 어미 '아'에 j가 삽입될 뿐 어간의 '오'나 '우'가 w화하지 않는다. 이것 역시 어간의 의미를 유지시키기 위해 음운규칙의 적용한계가 발생하기 때문이다(최명옥 2005b : 304).

다음 활용에서의 w화는 '오, 우'로 끝나는 활용어간과 '어'로 시작하는 활용어미가 통합할 때 일어나는데, 이 경우 어간말의 '오, 우'는 예외 없이 w화 한다. 이러한 사실은 (32)를 통하여 확인할 수 있다.

(32) 활용

a. /오ㅣ어두/→[와′두] cf. /오ㅣ더라/→[오′더라] (오-, 來)

b. /꼬ㅣ어두/→[꽈′두] cf. /꼬ㅣ더라/→[꼬′더라] (꼬-, 索)

c. /쏘ㅣ어두/→[쐈′두] cf. /쏘ㅣ더라/→[쏘′더라] (쏘-, 射)

d. /보ㅣ어두/→[봐′두] cf. /보ㅣ더라/→[보′더라] (보-, 視)

e. /절구ㅣ어두/→/절궈두/→[절궈′두]

　cf. /절구ㅣ더라/→[절구′더라] (절이-, 鹽)

f. /메꾸ㅣ어두/→[메꿔′두] cf. /메꾸ㅣ더라/→[메꾸′더라] (메우-, 塡)

g. /누ㅣ어두/→[눠′두] cf. /누ㅣ더라/→[누′더라] (누-, 尿)

h. /마추ㅣ어두/→[마춰′두]

　cf. /마추ㅣ더라/→[마추′더라] (맞추-, 組合)

i. /대우ㅣ어두/→[대와′두] cf. /대우ㅣ더라/→[대우′더라] (닿-, 接)

j. /쎄우ㅣ어두/→[쎄와′두] cf. /쎄우ㅣ더라/→[쎄우′더라] (쐬-, 曬)

k. /자리우ㅣ어두/→[자리와′두]

　cf. /자리우ㅣ더라/→[자리우′더라] (기르-, 飼育)

l. /놓] 어두/ →/노어두/ →/노아두/ →/놔두/ →[놔′두]
    cf. /놓] 더라/ →[노터′라] (놓–, 放)

(32a~l)은 '오, 우'로 끝나는 활용어간과 활용어미 /–어두/가 통합할 때의 예이다. 이들의 음성형은 다음과 같은 음운과정을 거친 다음에 실현된 것이다. 먼저 (32a~d)는 어간말이 '오'로 끝나는 어간의 예들인데, 이들은 '/오] 어두/ →/오아두/ →/와두/ →[와′두]'에서와 같이, 어간말의 '오' 뒤에서 어미초의 '어'가 '아'로 교체된 후 어간말의 '오'는 어미초의 '아' 앞에서 활음소 'w'로 된다. 그 다음에 기저의 최종단계에서는 더 이상 음운과정을 거칠 것이 없으므로 음성으로 실현된다.

그리고 (32e~k)는 어간말이 '우'로 끝나는 어간의 예들인데, 이들의 음성형은 다음과 같은 음운과정을 거친 다음에 실현된 것이다. (31e~h) 는 '/절구] 어두/ →/절궈두/ →[절궈′두]'에서와 같이, 어간말의 '우'가 어미초의 '어' 앞에서 활음소 'w'로 된다. 그 다음에 기저의 최종단계에 서는 더 이상 음운과정을 거칠 것이 없으므로 음성으로 실현된다. 그리고 (32i~k)는 '/대우] 어두/ →/대우아두/ →/대와두/ →[대와′두]'에서와 같이, 어간말의 '우' 뒤에서 어미초의 '어'가 '아'로 교체된 후 어간말의 '우'는 어미초의 '아' 앞에서 활음소 'w'로 된다. 그 다음에 기저의 최종 단계에서는 더 이상 음운과정을 거칠 것이 없으므로 음성으로 실현된다.

끝으로 (32l)은 어간말 음절이 'C + 원순모음소 + 후음소'인 어간과 어미 /–어두/가 통합할 때의 예이다. 이 경우에도 어간말의 후음소 'ㅎ', 'ㅎ' 탈락된 후 어간말 음절의 원순모음소가 w화된다. 그러나 단어에 따 라 제약을 보인다. '좋–(좋–, 好), 붓–(붓–, 注)'은 [조와서, 조아서], [부 워서, 부어서]와 같이 w화가 일어나지 않는다.[35]

---

35) 몇몇 예들에서는 활음소화 이후 수의적으로 w탈락이 일어나기도 한다. 예 : 감차두(감 추] 어도), 저너두(겨누] 어도), 가다두(가두] 어도), 거더두(거두] 어두), 보까두(보꾸] 어도)

또한 몇몇 예들에서는 w화 이후 w탈락이 일어나기도 한다. 예를 들면 '감차두(감추ㅣ어도), 저너두(겨누ㅣ어도), 거더두(거두ㅣ어두)' 등의 예들에서는 w화가 일어난 후 w탈락이 수의적으로 일어남을 관찰할 수 있었다.

위와 같은 이 지역어의 활음소화를 지배하는 규칙은 아래의 (33)으로 나타낼 수 있다.

(33)

이→j / X__]ₙ 에Y

$$\begin{Bmatrix} 이 \\ \{오, 우\} \end{Bmatrix} \rightarrow \begin{Bmatrix} j \\ w \end{Bmatrix} \ / \ X\ \_\ ]_{Vst} \ 어Y$$

4.1.2.3. 어미초 '어'의 '아'화

현대 한국어에서 부사형어미 '-아/어Y'의 결합은 현대국어의 용언활용에 유일하게 남아 있는 모음조화의 잔영을 보여준다. 최명옥(1982 : 50. 1992a : 153)은 동남방언과 향가의 자료를 고찰한 결과 고대 국어 시기에는 부사형어미가 '-아Y'이었으며 이 어미는 원래 모음조화를 모르던 것이었음을 밝히고, 나중에 중부방언에서 형태소 내부에서의 모음조화가 형태소 경계로 확대되면서 모음조화를 지키게 되었음을 주장하였다.

그리고 현대 중부방언을 포함하는 서부방언에서는 거의 어간말음절 모음이 '오'인 경우에 한해 어미 '-아Y'가 통합하는 실정이다. 하지만 이 지역어에 존재하는 부사형어미 '-어Y'의 교체는 위의 중부 서부 방언의 것과는 차이를 보인다. 이 지역어에서 부사형어미 '-어Y'의 교체는 어간말 음절의 모음의 종류에 따라 그 양상을 달리하며, 또한 일부는 음절수의 차이에 따라 그 결합되는 양상이 다르게 나타난다.

아래, 어간말 음절의 모음에 따라, 그리고 다시 1음절 어간과 2음절 이상의 어간으로 나누어 이 지역어의 부사형 어미 '-어Y'의 교체를 고찰한다.

[a] 어간말 음절 모음이 '아'인 경우, 부사형어미의 첫 음은 음절수에 관계없이 모두 '아'로 교체된다. 이러한 사실은 (34)를 통하여 확인할 수 있다.

(34)
/갚] 어두/ → [가파'두] (갚-, 報)
/낮] 어두/ → [나자'두] (낮-, 低)
/막] 어두/ → [마가'두] (막-, 防)
/낡] 어두/ → [날가'두] (낡-, 舊)
/안] 어두/ → [아나'두] (안-, 抱)
/삼] 어두/ → [사마'두] (삼-, 編) (초신)
/앓] 어두/ → [아라'두] (앓-, 病)
/자] 어두/ → [자'두] (자-, 宿)

/비탈] 어두/ → [비타'라두] (비틀-, 捻)
/깨닳] 어두/ → [깨다라'두] (깨닳-, 覺)
/놀라] 어두/ → [놀'라두] (놀라-, 驚)
/비싸] 어두/ → [비싸'두] (비싸-, 貴)
/모자라] 어두/ → [모'자라두] (모자라-, 不足)

[b] 어간말 음절 모음이 '오'인 경우, 부사형어미의 첫 음은 음절수에 관계없이 모두 '아'로 교체된다. 이러한 사실은 (35)를 통하여 확인할 수 있다.

(35)
/오] 어두/ → [와'두] (오-, 來)
/보] 어두/ → [봐'두] (보-, 視)
/녹] 어두/ → [노가'두] (녹-, 解)

/꼽ㅣ어두/→[꼬바′두](꽂-, 揷)
/곪ㅣ어두/→[곰마′두](곪-, 膿)
/옳ㅣ어두/→[오′라두](옳-, 可)

/배줍ㅣ어두/→[배′조바두](비좁-, 狹)
/돌보ㅣ어두/→[돌′봐두](돌보-, 看)

[c] 어간말 음절모음이 '이'인 경우, 부사형어미의 첫 음은 어간의 음절수에 관계없이 모두 '어'로 실현된다. 이러한 사실은 (36)을 통하여 확인할 수 있다.

(36)
/지ㅣ어두/→[저′두](지-, 負)
/이ㅣ어두/→[예′두] (이-, 頂)
/기ㅣ어두/→[게′두](기-, 匍)
/익ㅣ어두/→[이거′두](익-, 熟)
/민ㅣ어두/→[미더′두](믿-, 信)
/잃ㅣ어두/→[이러′두](잃-, 失)
/싫ㅣ어두/→[시′러두](싣-, 載)
/마시ㅣ어두/→[마세′두](마시-, 飮)
/말기ㅣ어두/→[말게′두](말리-, 仲裁)
/얼리ㅣ어두/→[얼레′두](얼리-, 使鬪)
/이피ㅣ어두/→[이페′두](입히-, 使衣)

[d] 어간말 음절모음이 '어'인 경우, 부사형어미의 첫 음은 음절수에 관계없이 모두 '어'로 실현된다. 다만 2음절 이상의 어간들은 표준어에서의 'ㅂ'변칙용언에 해당하는 어간들의 경우, 모두 '아'로 교체된다. 이에 대해서는 후술한다. 이러한 사실은 (37)을 통하여 확인할 수 있다.

(37)
/없ㅣ어두/→[업′서두](없-, 無)

/젓] 어두/ → [저서′두] (젓−, 漕)
/꺾] 어두/ → [꺼꺼′두] (꺾−, 折)
/털] 어두/ → [터러′두] (털−, 盜)
/넘] 어두/ → [너머′두] (넘−, 越)
/섧] 어두/ → [설′버두] (섧−, 哀)
/서] 어두/ → [서′두] (서−, 立)
/옇] 어두/ → [여′어두] (넣−, 入)

/쓰겁] 어두/ → [쓰′거바두] (어지럽−, 汚)
/미끄럽] 어두/ → [미′끄러바두] (미끄럽−, 滑)

[e] 어간말 음절 모음이 '애'인 경우, 부사형어미의 첫 음은 음절수에
관계없이 모두 '아'로 교체된다. 이러한 사실은 (38)을 통하여 확인할 수
있다.

(38)
/뺏] 어두/ → [빼사′두] (빼앗−, 奪)
/맺] 어두/ → [매자′두] (맺−, 結)
/빼] 어두/ → [빼′애두] (빼−, 拔)
/깨] 어두/ → [깨′애두] (깨−, 破)

/문대] 어두/ → [문대′애두] (문다지−, 撫)
/지대] 어두/ → [지′대애두] (기대−, 依支)

[f] 어간말 음절 모음이 '에'인 경우, 부사형어미의 첫 음은 음절수에
관계없이 모두 '어'로 실현된다. 이러한 사실은 (39)를 통하여 확인할 수
있다.

(39)
/엮] 어두/ → [여꺼′두] (엮−, 編)

/헤]어두/ → [헤′에두] (세−, 算)
/베]어두/ → [베′에두] (베−, 枕)
/예]어두/ → [예′에두] (예−, 茸)

[g] 어간말 음절 모음이 '우'인 경우, 1음절 어간일 때에는 부사형어미의 첫 음은 모두 '어'로 실현된다. 이러한 사실은 (40)을 통하여 확인할 수 있다.

(40)
/주]어두/ → /줘두/ → [줘′두] (주−, 與)
/죽]어두/ → [주거′두] (죽−, 死)
/묶]어두/ → [무꺼′두] (묶−, 束)
/묻]어두/ → [무더′두] (묻−, 埋)
/웃]어두/ → [우서′두] (웃−, 笑)
/울]어두/ → [우러′두] (울−, 哭)
/뚧]어두/ → [뚤버′두] (뚧−, 孔)

2음절 이상일 때에는 어간말 음절 앞 음절의 모음이 '아, 오, 애'인 경우, 부사형 어미의 첫 음은 '아'로 교체되며, 어간말 음절의 앞 음절의 모음이 '아, 오, 애' 이외의 기타 모음이면 부사형어미의 첫 음은 '어'로 실현되며, 어간말 음절이 개음절 '우'로 끝났을 경우에는 '아'로 교체되며,36) 어간말 음절이 'ㄹ'으로 끝났을 경우에는 '어'로 실현된다. 이러한 사실은 (41)을 통하여 확인할 수 있다.

(41)
/가두]어두/ → [가다′두] (가두−, 囚)
/보꾸]어두/ → [보까′두] (볶−, 炒)

---

36) 동북방언은 고형을 많이 유지하고 있는바, 이는 고형의 자취를 보여준다.

/농구ㅣ어두/ → [농과′두] (나누-, 分)

/거두ㅣ어두/ → [거뒈′두] (거두-, 收)
/절구ㅣ어두/ → [절궤′두] (절이-, 鹽)
/숭구ㅣ어두/ → [숭궤′두] (심-, 植)

/피우ㅣ어두/ → [피와′두] (피우-, 吸煙)
/키우ㅣ어두/ → [키와′두] (키우-, 飼育)
/자리우ㅣ어두/ → [자리와′두] (자래우-, 飼育)
/말리우ㅣ어두/ → [말리와′두] (말리우-, 使乾)
/데우ㅣ어두/ → [데와′두] (데우-, 焐)
/쎄우ㅣ어두/ → [쎄와′두] (쐬-, 曬)
/채우ㅣ어두/ → [채와′두] (채우-, 滿)

/가물ㅣ어두/ → [가′무러두] (가물-, 旱)
/자불ㅣ어두/ → [자부러′두] (졸-, 睡)
/찌불ㅣ어두/ → [찌부러′두] (기울-, 傾)

[h] 어간말 음절이 '으'인 경우, 1음절 어간일 때에는 부사형어미의 첫 음은 모두 '어'로 실현된다. 이러한 사실은 (42)를 통하여 확인할 수 있다.

(42)
/쓰ㅣ어두/ → [써′두] (쓰-, 書)
/크ㅣ어두/ → [커′두] (크-, 大)
/뜯ㅣ어두/ → [뜨′더두] (뜯-, 採)
/늦ㅣ어두/ → [느저′두] (늦-, 晩)
/쓸ㅣ어두/ → [쓰′러두] (쓸-, 掃)
/긁ㅣ어두/ → [글거′두] (긁-, 搔)
/듣ㅣ어두/ → [드러′두] (듣-, 聽)

어간이 2음절 이상일 때에는 어간말 음절 앞 음절의 모음이 '아, 오,

어'인 경우에는 부사형어미의 첫 음은 '아'로 교체되며, 어간말 음절 앞 음절의 모음이 '아, 오, 애' 이외의 기타 모음인 경우에는 부사형어미는 '어'로 실현된다. 이러한 사실은 (43)을 통하여 확인할 수 있다.

(43)
/가늘ㅣ어두/ → [가ʹ느라두] (가늘−, 細)
/다듬ㅣ어두/ → [다드ʹ마두] (다듬−, 整理)
/망글ㅣ어두/ → [망그라ʹ두] (만들−, 造)
/달르ㅣ어두/ → /달르아두/ → [달라ʹ두] (다르−, 異)
/말르ㅣ어두/ → /말르아두/ → [말라ʹ두] (마르−, 乾)
/몰르ㅣ어두/ → /몰르아두/ → [몰ʹ라두] (모르−, 不知)

/끄슬ㅣ어두/ → [끄스러ʹ두] (그을−, 燻)
/비틀ㅣ어두/ → [비트ʹ러두] (비틀−, 捻)
/미끌ㅣ어두/ → [미ʹ끄러두] (미끌−, 滑)
/흘르ㅣ어두/ → /흘르어두/ → [흘러ʹ두] (흐르−, 流)
/머물르ㅣ어두/ → /머물르어두/ → [머물러ʹ두] (머무르−, 停)
/불르ㅣ어두/ → /불르어두/ → [불러ʹ두] (부르−, 呼)
/문질르ㅣ어두/ → /문질르어두/ → [문질러ʹ두] (문지르−, 撫)

[i] 소위 표준어에서 'ㅂ'변칙용언에 속하는 어간의 부사형어미 '−아/어Y'의 결합양상은 다음과 같다. 1음절 어간일 경우, 부사형 어미의 첫 음은 어간말 음절 '아, 오, 애' 뒤에서는 '아'로 교체되고, '아, 오, 애' 이외의 모음소는 '어'로 실현된다. 2음절 이상 어간 뒤에서는 부사형어미 '−어Y' 의 첫 음은 언제나 '아'로 교체된다. 이러한 사실은 (44)를 통하여 확인할 수 있다.

(44)
/곱ㅣ어두/ → /곱아두/ → [고ʹ바두] (곱−, 美)
/맵ㅣ어두/ → /맵아두/ → [매바ʹ두] (맵−, 辣)

/집] 어두/ → [지버′두] (집-, 縫)
/밉] 어두/ → [미버′두] (밉-, 惡)
/칩] 어두/ → [치′버두] (칩-, 寒)
/굽] 어두/ → [구버′두] (굽-, 炙)
/덥] 어두/ → [더바′두] (덥-, 暑)*

/무겁] 어두/ → [무거바′두] (무겁-, 重)
/미섭] 어두/ → [미서바′두] (무섭-, 恐)
/부꾸럽] 어두/ → [부꾸러′바두] (부끄럽-, 恥)
/어즈럽] 어두/ → [어′즈러바두] (어지럽-, 汚)
/가참] 어두/ → [가차바′두] (가깝-, 近)
/마랍] 어두/ → [마′라바두] (마렵-, 尿)

여기에서 '덥-'은 '-아Y'를 선택하고 있음을 볼 수 있는데, 젊은 층에서는 '칩-'에 대해서도 '아'를 선택하는 것을 볼 수 있었다. 이는 2음절 이상의 'ㅂ'변칙용언에서의 절대 필수적으로 부사형어미 '-아Y'를 선택하는 규칙의 확대가 아닌가 싶다.

이상은 어간말 음절의 모음의 종류에 따라 이 지역어의 부사형 어미 '-어Y'의 결합양상을 고찰한 것이다. 위의 사실들을 종합하면 이 지역어의 부사형어미 '-어Y'의 결합 규칙은 다음과 같다.

첫째, 어간말 음절의 모음이 '아'나 '오', '애'로 끝났을 경우에는 어간의 음절수에 관계없이 부사형어미 '-어Y'의 첫음 '어'는 '아'로 교체되며, 어간말 음절의 모음이 '이, 어, 에'인 경우에는 어간말 음절수에 관계없이 '-어Y'로 실현된다.

둘째, 어간말 음절의 모음이 '우', 또는 '으'인 경우에 이 지역어의 부사형어미 '-아/어Y'의 결합양상은 좀 복잡하게 나타나는바,

1음절 어간인 경우, '-어Y'로 실현된다.

2음절 이상의 어간인 경우,

어간말 음절이 '우'로 끝나는 어간은 어간말 음절 앞 음절의 모음이

'아, 오, 애'인 경우, 부사형 어미의 첫 음은 '아'로 교체되며, 어간말 음절의 앞 음절의 모음이 '아, 오, 애' 이외의 기타 모음이면 부사형어미의 첫 음은 '어'로 실현된다. 다음 어간말 음절이 개음절 '우'로 끝났을 경우에는 '아'로 교체되며, 어간말 음절이 '르'로 끝났을 경우에는 '어'로 실현된다.

어간말 음절이 '으'로 끝나는 어간은 어간말 음절 앞 음절의 모음이 '아, 오, 애'인 경우에는 부사형 어미의 첫 음은 '아'로 교체되며, 어간말 음절 앞 음절의 모음이 '아, 오, 애' 이외의 기타 모음인 경우에는 부사형어미는 '어'로 실현된다.

셋째, 소위 표준어에서 'ㅂ'변칙용언에 속하는 어간은, 1음절 어간일 경우, 부사형 어미의 첫 음은 어간말 음절 '아, 오, 애' 뒤에서는 '아'로 교체되고, '아, 오, 애' 이외의 기타 모음 뒤에서는 '어'로 실현된다. 그리고 2음절 이상 어간 뒤에서는 부사형어미 '−어Y'의 첫 음은 언제나 '아'로 교체된다.

이로부터 알 수 있는바, 이 지역어는 중부방언에서 부사형어미가 '−어Y' 쪽으로 쏠리고 있는 반면 이 지역어에서는 모음조화가 비교적 잘 지켜지고 있다.

4.2. 탈락

탈락이란 어간의 기저형과 어미의 기저형이 통합하는 경우에 형태소 경계에서 형태소를 구성하는 어떤 음운이 없어지는 것을 말한다. 이 지역어에서 발견되는 공시적 음운탈락은 자음소탈락, 유음소탈락, 모음소탈락, 활음소탈락으로 나눌 수 있는데 자음소탈락에는 후음소탈락, 'ㅇ'

또는 'ㄴ' 탈락, 자음소군단순화가 있고, 모음소탈락에는 어미초 '으'의 탈락, 어간말 '으'의 탈락, 어간말 '아' 또는 '어'의 탈락이 있다. 그리고 활음소탈락에는 'j'탈락과 'w'탈락이 있다. 아래 이들 탈락을 순서대로 논의하기로 한다.

4.2.1. 자음소탈락

이 지역어의 자음소탈락에는 후음소탈락, 'ㅇ' 또는 'ㄴ' 탈락, 자음소군단순화가 있다. 이하에서 제시된 순서에 따라 논의하기로 한다.

4.2.1.1. 후음소(ㅎ, ㆆ)탈락

후음소탈락이란 어간말의 후음소 'ㅎ, ㆆ'이 유성음 사이에서 탈락되는 것을 말한다. 이 음운과정은 활용에만 존재한다. 이러한 사실은 (45)를 통하여 확인할 수 있다. 그리고 후음소탈락은 'ㄹ+후음소'로 구성된 어간말 자음소군을 가진 어간과 'ㄴ'으로 시작하는 어미가 통합할 때에도 일어나는데, 이에 대해서는 자음소군단순화에서 논의하기로 한다.

(45) 활용
a. /낳ㅣ 으무/ → [나아무′] cf. /낳ㅣ 지비/ → [나치′비] (낳-, 産)
b. /끟ㅣ 으무/ → [끄으′무] cf. /끟ㅣ 지비/ → [끄치′비] (끌-, 引)
c. /노랗ㅣ 으무/ → [노′라아무] cf. /노랗ㅣ 지비/ → [노′라치비] (노랗-, 黃)
d. /짛ㅣ 으무/ → [지′이무] cf. /짛ㅣ 지비/ → [지′찌비] (짓-, 作)
e. /붛ㅣ 으무/ → [부우′무] cf. /붛ㅣ 지비/ → [부′찌비] (붓-, 注)

f. /많ㅣ 으무/ → [마′느무] cf. /많ㅣ 지비/ → [만′치비] (많-, 多)
g. /껌ㆆㅣ 으무/ → [꺼무′무] cf. /껌ㆆㅣ 지비/ → [껌′치비] (검-, 黑)
h. /앓ㅣ 으무/ → [아르′무] cf. /앓ㅣ 지비/ → [알치′비] (앓-, 病)
i. /딿ㅣ 으무/ → [따르′무] cf. /딿ㅣ 지비/ → [딸치′비] (따르-, 隨)

　j. /묾] 으무/ → [무루′무] cf. /묾] 지비/ → [물′찌비] (묻ー, 問)
　k. /겲] 으무/ → [거르′무] cf. /겲] 지비/ → [걸′찌비] (걷ー, 步)

　(45)는 후음소로 끝나는 활용어간과 활용어미 /ー으무/가 통합할 때의 후음소탈락의 예이다. 먼저 (45a~e)의 음성형은 다음과 같은 음운과정을 거쳐서 실현된 것이다. (45a~c) 및 (45d, e)의 어간말의 후음소 /ㅎ/와 /ㆆ/는 모음소로 시작하는 어미 /으/ 앞에서 탈락된다. 그 후 어미초의 /으/는 어간말 음절의 모음소에 동화되어 어간말음절의 모음소와 같게 된다 (4.1.2.1. (C) 어미초 '으'의 완전순행동화 참조). 그 다음에 기저의 최종단계에서는 더 이상 음운과정을 거칠 것이 없다. 그러므로 그것들은 음성으로 실현된다.

　다음으로 (45f~k)는 어간말이 후음소인 자음소군으로 끝나는 활용어간과 어미 /ー으무/가 통합한 예인데, 그들 음성형은 다음과 같은 음운과정을 거쳐서 실현된 것이다. 먼저 어간말의 후음소 /ㅎ/와 /ㆆ/는 모음소로 시작하는 어미 /으/ 앞에서 탈락된다. 그 후 (45f, h, i, k)는 기저의 최종단계에서 더 이상 음운과정을 거칠 것이 없으므로 음성으로 실현되고, (45g)와 (45j)에서는 후음소가 탈락한 후의 어간말의 양순음소 /ㅁ/ 및 어간말 음절의 원순모음소 /ㅜ/의 영향을 받아 어미초의 /으/가 /우/로 교체된다. 그 다음에 기저의 최종단계에서는 더 이상 음운과정을 거칠 것이 없으므로 음성으로 실현된다.

　위와 같은 이 지역어의 후음소탈락을 지배하는 규칙은 아래의 (46)으로 나타낼 수 있다.

　(46)
　후음소 → ø / X(유성음소)＿] VY

4.2.1.2. 'ㅇ(ŋ)' 또는 'ㄴ' 탈락

'ㅇ(ŋ)' 또는 'ㄴ' 탈락이란 어간말의 'ㅇ(ŋ)' 또는 'ㄴ' 이 음성으로 실현되는 과정에서 탈락하는 것을 말한다. 이 지역어에서 이 음운과정은 곡용에서만 발견되는데, 어간말 'ㅇ(ŋ)' 탈락은 모음소로 시작하는 어미와 통합할 때 일어나며, 어간말 'ㄴ'탈락은 주격 '−이'나 계사 '이−' 가 통합할 때 일어난다. 이 때 'ㅇ(ŋ)' 이나 'ㄴ' 의 탈락은 먼저 그 앞의 모음을 비모음소화 시킨 뒤에 일어난다. 이러한 사실은 (47)을 통하여 확인할 수 있다.

(47) 곡용
a. /산] 이/ → [sãi ´], /산] 이다/ → [sãi ´da]
  cf. /산] 두/ → [산두´] (산, 山)
b. /돈] 이/ → [tõi ´], /돈] 이다/ → [tõi ´da]
  cf. /돈] 두/ → [돈´두] (돈, 錢)
c. /문] 이/ → [mũi ´], /무] 이다/ → [mũi ´da]
  cf. /문] 두/ → [문두´] (문, 門)[37]

d. /산탕] 이/ → [santʰã ´i], /산탕] 으/ → [santʰã ´ã], /산탕] 에/ → [santʰã ´e]
  cf./산탕] 두/ → [산탕´두] (사탕, 糖)
e. /입썽] 이/ → [ips'ə ´i], /입썽] 으/ → [ips'ə ´ə], /입썽] 에/ → [ips'ə ´e]
  cf. /입썽] 두/ → [입썽´두] (옷, 衣服)
f. /똥] 이/ → [t'õi ´], /똥] 으/ → [t'õõ ´], /똥] 에/ → [t'õẽ ´]
  cf. /똥] 두/ → [똥두´] (똥, 糞)

(47a~c)는 'ㄴ'으로 끝나는 곡용어간과 주격어미 /−이/, 계사 /이−/ 가 통합할 때의 'ㄴ' 탈락의 예이다. 이들의 음성형은 다음과 같은 음운과정을 거쳐서 실현된 것이다. 어간말의 /ㄴ/는 주격어미 /−이/ 또는 계

---

37) 가끔씩 [사니], [도니], [무니]라고도 발화하는데, 이것은 표준어의 영향에 의한 차용일 것으로 보인다.

사 /이-/ 앞에서 먼저 그 앞의 모음을 비모음소화 시킨 뒤에 탈락된다. 그 후 어미초의 /이/와 계사 /이/는 /ㄴ/가 탈락된 후의 어간말 음절의 비음성에 동화되어 비모음소화한다. 그 다음에 기저의 최종단계에서는 더 이상 음운과정을 거칠 것이 없으므로 음성으로 실현된다.

(47d~g)는 'ㅇ(ŋ)'으로 끝나는 곡용어간과 모음소로 시작하는 곡용어미 /-이/, /-의/, /-에/가 통합할 때의 'ㅇ(ŋ)' 탈락의 예이다. 이들의 음성형은 다음과 같은 음운과정을 거쳐서 실현된 것이다. 어간말의 /ㅇ(ŋ)/은 모음소로 시작하는 어미 앞에서 먼저 그 앞의 모음을 비모음소화 시킨 뒤에 탈락된다. 그 후 어미초의 모음소 /이/와 /에/는 /ㅇ(ŋ)/이 탈락된 후의 어간말 음절의 비음성에 동화되어 비모음소화 하고, 어미초의 모음소 /의/는 /ㅇ(ŋ)/이 탈락된 후의 어간말 음절에 동화되어 어간말 음절과 같게 된다(4.1.2.1. (C) 어미초 '으'의 완전순행동화 참조). 그 다음에 기저의 최종단계에서는 더 이상 음운과정을 거칠 것이 없으므로 음성으로 실현된다.

이상과 같은 이 지역어의 'ㅇ(ŋ)' 또는 'ㄴ' 탈락을 지배하는 규칙은 아래의 (48)로 나타낼 수 있다.

(48)
ㅇ(ŋ) → ø/ X__]ₙ V(Y)
ㄴ → ø/ X__]ₙ 이(주격, 계사)

4.2.1.3. 자음소군단순화

한국어에는 음절초와 음절말에서 하나의 자음만 발음될 수 있다는 표면음절구조제약이 있다. 이런 음성적인 표면음절구조제약(또는 표면음성제약) 때문에 자음소군에서 자음소('ㄹ' 포함)가 탈락되는 음운과정을 자음소군단순화라고 한다. 한국어에서 자음소군은 다음과 같은 세 가지 경우에 존재할 수 있다. ① 어간말에, ② 자음소로 끝나는 어간과 자음소로 시작하는 어미가 통합하는 경우에, ③ 'ㄹ'로 끝나는 어간과 '으'로 시작하는

폐음절 어미, 즉 '-을, -은, -을루' 등이 통합하여 어미의 '으'가 탈락
하는 경우이다. ①, ②, ③에서의 자음소군이 표면음절구조제약을 어길
경우, 그 중 하나의 자음소가 탈락되어야 한다.

먼저 어간말에 자음소군이 있는 경우, 자음소군단순화는 (49), (50)을
통하여 확인할 수 있다.

(49) 곡용
a. /야듧/ → [야듭'], /야듧] 두/ → [야듭'뚜]
  cf. /야듧] 이/ → [야들'비] (야듧, 八)
b. /갑씨/ → [갑'], /갑씨] 두/ → [갑'뚜] cf. /갑씨] 이/ → [갑'씨] (값, 價)
c. /흙/ → [흑'], /흙] 두/ → [흑뚜'] cf. /흙] 이/ → [흘기'] (흙, 土)
d. /녁씨/ → [녁'], /녁씨] 두/ → [녁'뚜] cf. /녁씨] 이/ → [녁'씨] (넋, 魂)

(49)는 어간말에 자음소군을 가지는 곡용어간이 그 자체로 끝나거나, 곡
용어미 /-두/가 통합할 때의 자음소군단순화의 예이다. 여기에서 (49a, b)
의 어간말의 /래/, /ㅆ/는 그 자체로 끝나거나 또는 자음소로 끝나는 어미
앞에서 자음소군단순화하여 /ㅂ/로 된다. 그다음에 다시 어간말의 /ㅂ/ 뒤
에서 어미초의 /ㄷ/가 경음소화하여 /ㄸ/로 된 뒤에 실현되는 것이다.
(49c, d)는 어간말의 /ㄺ/, /ㄳ/가 그 자체로 끝나거나 또는 자음소로 끝나
는 어미앞에서 자음소군단순화하여 /ㄱ/로 된다. 그 다음에 다시 어간말
의 /ㄱ/ 뒤에서 어미초의 /ㄷ/가 경음소화하여 /ㄸ/로 된 뒤에 실현되는
것이다.

즉, (49)에서 보듯이, 어간말 자음소군이 'ㄺ, 래'인 경우, 'ㄹ'이 탈락
하고, 'ㄳ, ㅆ'인 경우 'ㅅ'이 탈락한다. 그리고 '래' 자음소군을 가지는
어간 '듧'은 /듧{ø-이}/의 복합기저형으로서 어간말에, 또한 자음소로
끝나는 어간과 자음소로 시작하는 어미가 통합하는 경우에는 /돌씨/가
선택되어 자음소군을 가지지 않으며, 모음소로 시작하는 어미와 통합하
는 경우에만 /듧/이 선택된다.

(50) 활용
a. /긁] 구/→[극꾸′], /긁] 더라/→[극떠′라]
   cf. /긁] 어두/→[글거′두] (긁-, 搔)
b. /넓] 구/→[복′꾸], /넓] 더라/→[봅′떠라]
   cf. /넓] 어두/→[볼바′두] (긁-, 搔)
c. /앓] 는다/→[알른′다], /앓] 소/→[알쏘′]
   cf. /앓] 더라/→[알터′라] (앓-, 痛)
d. /싫] 는다/→[실′른다], /싫] 소/→[실′쏘]
   cf. /싫] 어두/→[시러′두] (신-, 載)
e. /훑] 는다/→[훌룬다′], /훑] 소/→[훌쏘′]
   cf. /훑] 어두/→[훌터′두] (훑-, 扱)
f. /앉] 소/→[안쏘′], /앉] 더라/→[안떠′라]
   cf. /앉] 어두/→[안자′두] (앉-, 坐)
g. /많] 소/→[만′쏘]
   cf. /많] 더라/→[만′터라] /마내] 어두/→[마′내두] (많-, 多)

h. /젊] 소/→[점′쏘], /젊] 더라/→[점′떠라]
   cf. /젊] 어두/→[점′머두] (젊-, 年靑)
i. /껌] 소/→[껌′쏘]
   cf. /껌] 더라/→[껌′터라] /꺼매] 어두/→[꺼매′두] (검-, 黑)

  (50)은 어간말에 자음소군을 가지는 활용어간이 자음소로 시작하는 활
용어미 /−구/, /−더라/, /−는다/, /−소/가 통합할 때의 자음소군단순화
의 예이다. 여기에서 (50a, b)의 어간말의 /ㄺ/, /ㄼ/는 어미초의 /ㄱ/, /ㄷ/
앞에서 자음소군단순화하여 /ㄹ/이 탈락되고 각각 /ㄱ/와 /ㅂ/로 된다. 그
다음에 다시 어간말의 /ㄱ/ 또는 /ㅂ/ 뒤에서 어미초의 /ㄱ/, /ㄷ/가 경음
소화하여 각각 /ㄲ/, /ㄸ/로 된 뒤에 음성으로 실현되는 것이다.

  그리고 (50c~e)는 어간말의 /ㄶ/, /ㅀ/, /ㄾ/가 /ㄴ/ 또는 /ㅅ/로 시작하
는 어미 앞에서 자음소군단순화하여 /ㄹ/로 된다. 그다음에 다시 어간말
의 /ㄹ/ 뒤에서 어미초의 /ㄴ/가 유음소화하여 /ㄹ/로 된 뒤에 음성으로
실현되는 것이다.

그리고 (50f, g)는 어간말의 /ㄵ/, /ㄶ/가 어미초의 /ㅅ/, /ㄷ/ 앞에서 자음소군단순화하여 /ㄴ/로 된다. 그다음에 다시 어간말의 /ㄴ/ 뒤에서 어미초의 /ㅅ/, /ㄷ/가 경음소화하여 각각 /ㅆ/, /ㄸ/로 된 뒤에 음성으로 실현되는 것이다. 이때 /ㄶ/ 자음소군은 /ㄱ/, /ㄷ/, /ㅂ/로 시작하는 어미와 통합할 때 자음소군단순화가 일어나는 것이 아니라 자음소축약(4.4.1. 자음소축약 참조)이 일어난다.

끝으로, (50h, i)는 어간말의 /ㄻ/, /ㄿ/가 어미초의 /ㅅ/, /ㄷ/ 앞에서 자음소군단순화하여 /ㅁ/로 된다. 그다음에 다시 어간말의 /ㅁ/ 뒤에서 어미초의 /ㅅ/, /ㄷ/가 경음소화하여 각각 /ㅆ/, /ㄸ/로 된 뒤에 음성으로 실현되는 것이다. 이때 /ㄿ/ 자음소군은 /ㄱ/, /ㄷ/, /ㅂ/로 시작하는 어미와 통합할 때 자음소군단순화가 일어나는 것이 아니라 자음소축약(4.4.1. 자음소축약 참조)이 일어난다.

즉, (50)에서 보듯이, 어간말 자음소군이 'ㄺ, ㄼ'인 경우에는 'ㄹ'이 탈락하고, 'ㄽ, ㄾ, ㄿ'인 경우에는 'ㄹ'이 유지되며, 'ㄵ, ㄶ'인 경우 'ㄴ'이 유지되고, 'ㄻ, ㄿ'인 경우 'ㅁ'이 유지된다.

다음, 자음소로 끝나는 어간과 자음소로 시작하는 어미가 통합하는 경우의 자음소군단순화는 (51)을 통하여 확인할 수 있다.

(51) 활용
a. /울] 은 (사람)/ → /울ㄴ(사람)/ → [운´ (사´람)] (울−, 哭)
b. /울] 을 (사람)/ → /울ㄹ(사람)/ → [울´ (싸´람)] (울−, 哭)
c. /칼] 을루/ → /칼ㄹ루/ → [칼´루] (칼, 刀)

(51)은 /ㄹ/로 끝나는 어간과 /으/로 시작하는 폐음절어미가 통합할 때 어미의 /으/가 탈락하는 경우의 예이다. (51a~c)의 음성형은 다음과 같은 음운과정을 거쳐서 실현된 것이다. 이들은 '/울] 은 (사람)/ → /울ㄴ(사람)/ → [운´ (사´람)]'에서와 같이 먼저 'ㄹ' 아래서 어미초 '으'가 탈락되

고, 그 후 어간 말의 '르'이 탈락되어 음성으로 실현된다. 여기에서 보다
시피, '르' 아래서 어미초 '으'가 탈락되어 자음소군이 형성되는데, 그것
들이 음성으로 실현되려면 세 자음소 중 하나가 반드시 탈락되어야 한
다. 이 때 꼭 '르'이 탈락되는 것은 형태소의 첫 음이 가장 많은 기능부
담량을 갖고 있기 때문이다. 만약 (51a~c)에서 '르'이 탈락하지 않고 그
뒤의 자음소 'ㄴ'이나, '르'이 탈락되면 그 의미를 전혀 알 수 없기 때문
에 어미의 의미, 기능 유지 즉 형태소의 문법적 기능유지를 위하여 '르'
이 탈락하게 된다(최명옥 1995b : 351).

위와 같은 이 지역어의 '르' 아래에서 어미초 '으'가 탈락됨으로 자음
소군이 형성되었을 때의 자음소군단순화를 지배하는 규칙은 아래의 (52)
로 나타낼 수 있다.

(52)
르 → ø / X＿] C(CY)
    (음절의 일부를 이루는 '으'의 탈락 규칙이 적용된 후에 적용된다.)

4.2.2. 유음소탈락

유음소탈락이란 어간말의 /르/이 음성으로 실현되기 전에 탈락되는 것
을 말한다. 이 지역어에서의 유음소탈락은 다음 세 가지 제약에 의해서
일어난다. 첫째는 음운론적 제약에 의한 것이며, 둘째는 형태론적 제약
에 의한 것이며, 셋째는 음절구조 제약에 의한 것이다.

(A) 음운론적 제약에 의한 것
이 지역어에서 음운론적 제약에 의한 유음소탈락은 /ㄴ/ 앞, /ㄷ/ 앞,
/ㅅ/ 앞, /ㅈ/앞에서 일어난다. 한국어에서는 두 모음 사이에서 두 개의
자음이 발음될 수 있다. 그럼에도 불구하고 어간말의 '르'이 탈락하는

것은 어미의 'ㄴ', 'ㄷ', 'ㅅ', 'ㅈ'와의 관계 때문이다.

15세기에는 유음이 /ㄷ/와 /ㅈ/ 앞에서도 모두 탈락되었다. 이 지역어는 중앙어로부터 멀리 떨어져 있었기 때문에 그 규칙이 지금도 지켜지고 있는 것으로 보인다. 이러한 사실은 (53)을 통하여 확인할 수 있다. 하지만 언어접촉에 의해, 교육에 의해, /ㄹ/이 탈락되지 않는 경우도 있어 두 가지 형태가 공존하며, 젊은 층에서는 /ㄷ/ 앞, /ㅈ/ 앞에서 /ㄹ/탈락이 잘 일어나지 않는다.[38]

(53) **활용**
a. /팔] 니/→[파ʹ니], /팔] 더라/→[파ʹ더라], /팔지비] /→[파ʹ지비]
  cf. /팔] 어두/→[파ʹ라두] (팔-, 賣)
b. /허툴] 니/→[허투ʹ니], /허툴] 더라/→[허투더ʹ라], /허툴] 지비/→
  [허투지ʹ비] cf. /허툴] 어두/→[허투러ʹ두] (서투르-, 不熟)
c. /즐] 니/→[즈니ʹ], /즐] 더라/→[즈더ʹ라], /즐] 지비/→[즈지ʹ비]
  cf. /즐] 어두/→[즈러ʹ두] (즐-, 泥)

d. /달] 다/→[다다ʹ] cf. /달] 어두/→[다라ʹ두] (달-, 甘)
e. /질] 다/→[지ʹ다] cf. /질] 어두/→[지러ʹ두] (길-, 長)

f. /드물] 니/→[드ʹ무니], /드물] 더라/→[드ʹ무더라], /드물] 지비/→
  [드ʹ무지비], /드물] 구/→[드ʹ무구], /드물] 으무/→[드ʹ무무]
  cf. /드물] 어두/→[드ʹ무러두] (드물-, 稀)
g. /자부] 니/ ›[자부ʹ니], /자불] 더라/→[자부더ʹ라], /자불] 지비/→
  [자부지ʹ비], /자불] 구/→[자부ʹ구], /자불] 으무/→[지부ʹ무]
  cf. /자불] 어두/→[자부ʹ러두] (졸-, 睡)
h. 버써ʹ(벌써), 자시ʹ꺼랑(자실것이랑), 수수ʹ해따(수술했다), 오ʹ쏘(옳
  소), 아무ʹ메서리(아물면서)

---

38) 예를 들면 '/울] 더라/→[울ʹ더라], /놀] 더라/→[놀ʹ더라]'에서와 같이, 젊은 층에서는 /ㄹ/탈락이 잘 일어나지 않았으며, 제보자 할머니의 발화에서도 가끔씩 /ㄹ/탈락이 일어나지 않은 형태로 발화되기도 하였다.

(53a~c)의 음성형은 다음과 같은 음운과정을 거쳐서 실현된 것이다. 어간말의 /ㄹ/는 어미초의 /ㄴ/, /ㄷ/, /ㅈ/ 앞에서 탈락된다. 그 다음에 기저의 최종단계에서는 더 이상 음운과정을 거칠 것이 없으므로 그것들은 음성으로 실현된다.

(53d, e)에서 보다시피, 유음소로 끝나는 상태동사 어간은 종결어미 '다' 앞에서도 유음소가 탈락된다. 그것이 음성으로 실현되는 음운과정도 (53a~c)가 거치는 음운과정과 동일하다.

또한 (53f, g)에서 보다시피, 일부 어간들의 어간말 유음소는 모든 자음소 앞에서 탈락되기도 하는바, 어미 '으무' 앞에서 어미초의 '으'가 유음소 뒤에서 탈락된 후, 어간의 유음소는 어미초 '으'탈락이 일어난 후의 '무' 앞에서도 탈락된다.

(53h)에서도 보다시피, 이 지역어에서 일부 단어들에 있어서는 모든 자음 뒤에서 유음소 탈락이 일어나며, 노인층에서는 아직도 매우 활발하게 일어나고 있다.

이러한 유음소탈락은, 젊은 세대는 탈락시키지 않는 것으로 보아 쇠퇴형일 것이다. 그러므로 전 시기에는 더욱 강했을 것이다. 과거에는 'ㄹ'이 모든 자음 앞에서 탈락했을 가능성도 추정해볼 수 있다.

(B) 형태론적 제약에 의한 것

형태론적 제약에 의한 유음소탈락은, 하오체 및 하우다체의 종결어미 /오/, /우다/, /음메/, /읍떼/와 통합할 때 일어난다. 이러한 사실은 (54)를 통하여 확인할 수 있다.

(54) 활용
a. /쫄] 오/ → [쪼′오] cf. /쫄] 어두/ → [쪼라′두] (줄, 短縮)
b. /살] 우다/ → [사′우다] cf. /살] 어두/ → [사라′두] (살, 住)
c. /울] 음메/ → /우′음메/ → [우′움메], cf. /울] 어두/ → [우러′두] (울, 哭)
d. /놀] 읍떼/ → /노읍떼/ → [노′옵떼] cf. /놀] 어두/ → [노라′두] (놀, 玩)

(54)는 활용어간에 활용어미 /-오/, /-우다/, /-음메/, /-읍떼/가 통합할 때의 유음소탈락의 예이다. (54a~d)의 음성형은 다음과 같은 음운과정을 거쳐서 실현된 것이다. 먼저 (54a, b)의 어간말의 /ㄹ/는 어미 /-오/, /-우다/ 앞에서 탈락된다. 그 다음에 기저형의 최종단계에서는 더 이상 음운과정을 거칠 것이 없다. 그러므로 그것들은 음성으로 실현된다. 그리고 (54c, d)의 어간말의 /ㄹ/는 어미 /-음메/, /-읍떼/ 앞에서 탈락된다. 그다음에 어미초의 '으'는 어간말 음절 모음에 동화되어 어간말 음절 모음과 같게 된다. 그 다음에 기저형의 최종단계에서는 더 이상 음운과정을 거칠 것이 없다. 그러므로 그것들은 음성으로 실현된다.

(C) 음절 구조 제약에 의한 것

음절구조 제약에 의한 유음소탈락은, 어간과 어미가 통합하여 일정한 음운과정이 적용된 다음 최종적으로 음절이 배정될 때에, 음절초와 음절말에서는 하나의 자음만이 발음될 수 있는 제약 때문에 어간말의 유음이 탈락하는 것을 말한다. 이것은 자음소군단순화에서 논의되었다.

이상과 같은 이 지역어의 유음소탈락을 지배하는 규칙은 아래의 (55)로 나타낼 수 있다.

(55)

$$\text{ㄹ} \rightarrow \varnothing \ / \ \text{X}\_\ ]\,_{\text{Vst}} \begin{cases} \{\text{ㄴ, ㄷ, ㅅ, ㅈ}\} \ \text{Y} \\ \quad \text{(이 규칙은 어미초의 /으/ 탈락 뒤에서도 적용됨.)} \\ \{\text{오, 우다, 음메, 읍떼}\}_{\text{F.E.}} \ \ [\text{F.E.} = \text{종결어미}] \end{cases}$$

4.2.3. 활음소탈락

활음소탈락이란 형태소 경계에서 활음소화에 의하여 형성된 활음소(j, w)가 일정한 자음소 뒤에서 다시 탈락하는 것을 말한다. 활음소탈락은 실현되는 활음소의 성격에 따라서 j탈락과 w탈락으로 구분할 수 있다.

(A) j탈락

곡용에서 어간말의 '이'는 그 앞에 자음이 있을 때에는 j화 한 뒤에
다시 j탈락이 일어난다. 이러한 사실은 (56)을 통하여 확인할 수 있다.

(56) 곡용
a. /패끼ㅣ에서/ → [패´께서 (나와찌비.)] (팥에서 나왔지요.)
b. /머리ㅣ에/ → [머레´ (무더쏨메.)] (머리에 묻었어요.)

(56)은 '이'로 끝나는 곡용 어간에 곡용어미 /−에Y/가 통합할 때의 j
탈락의 예이다. 여기에서 (56a~b)의 음성형은 다음과 같은 음운과정을
거친 다음에 실현된 것이다. '/패끼ㅣ에서/ → /패계서/ → /패께서/ → [패´
께서]'에서와 같이 어간말의 '이'는 어미초의 '에' 앞에서 j화되어 j로 되
고 그후 그 앞에 자음이 있을 때 j화된 j가 다시 탈락된다. 그 다음에 기
저의 최종단계에서는 더 이상 음운과정을 거칠 것이 없으므로 음성으로
실현된다.

활용에서는 '지, 치'로 끝나는 어간과 '어'로 시작되는 어미가 통합할
때 일부 어간들은 j화 후 j탈락 된다(4.1.2.2. (A) j화 참조). 또한 어간말 음절
이 'ㅈ', 'ㅉ', 'ㅊ'로 시작하고 그 음절이 'ㅎ', 'ㆆ'으로 끝나는 경우에도
'ㅎ', 'ㆆ' 탈락을 거친 다음 j화를 일으키고 그 후 j가 탈락된다. 이러한
사실은 (57)을 통하여 확인할 수 있다. 이외의 경우, 어간말이 '이'로 끝나
는 활용어간은 모두 j화를 거친 후 j를 포함하는 이중모음 '여'가 자음 뒤
에서 '에'로 축약되기 때문에 j탈락이 일어나지 않는다(4.1.2.2. (A) j화 참조).

(57) 활용
a. /해지ㅣ어서/ → [해´저서] cf. /해지ㅣ더라/ → [해´지더라] (해지−, 破)

   b. /자빠지] 어서/ → [자빠′저서]

    cf. /자빠지] 더라/ → [자빠′지더라] (자빠지-, 後倒)

   c. /느러지] 어서/ → [느′러저서]

    cf. /느러지] 더라/ → [느′러지더라] (느리-, 緩)

   d. /치] 어서/ → [처′서] cf. /치] 더라/ → [치′더라] (치-, 打)

   e. /찌] 어서/ → [쩌′서] cf. /찌] 더라/ → [찌′더라] (찌-, 蒸)

   f. /찧] 어서/ → [쩌′서] cf. /찧] 더라/ → [찌터′라] (찧-, 搗)

   g. /짛] 어서/ → [저′서] cf. /짛] 더라/ → [지′떠라] (짓-, 作)

  (57a~g)는 다음과 같은 음운과정을 거친 다음에 실현된다. 먼저 (57a~e)는 '/해지] 어서/ → /해져서/ → /해저서/ → [해′저서]'에서와 같이, 어간말의 '이'는 어미초의 '어'와 통합할 때 먼저 활음소화된 후, /ㅈ/ 뒤에서 다시 탈락된다. 그 다음에 기저의 최종단계에서는 더 이상 음운과정을 거칠 것이 없으므로 음성으로 실현된다. 그리고 (57f, g)는 어간말 음절이 중성 '이'와 종성 '후음소'로 구성될 때, 이 어간에 활용어미 /-어서/가 통합한 예들인데, 이들의 음성형은 다음과 같은 음운과정을 거친 다음에 실현된 것이다. 이들은 '/찧] 어서/ → /찌어서/ → /쪄서/ → /쩌서/ → [쩌′서]'에서와 같이 어간말의 'ㅎ, ㅎ'이 유성음 사이에서 탈락을 거친 다음 남은 중성 '이'가 j화를 일으키고, 'ㅈ' 뒤에서 다시 j탈락이 일어난다. 그 다음에 기저의 최종단계에서는 더 이상 음운과정을 거칠 것이 없으므로 음성으로 실현된다. 즉 어간말 'ㅎ'탈락, j화, j탈락과 같은 음운과정을 거쳐 실현된 것이다.

 (B) w탈락

  w화가 곡용에는 없기 때문에 활용에만 존재한다. 활용에서도 w화 이후 탈락하지 않는 경우가 대부분으로서, w화를 거친 다음 w탈락이 일어나는 경우는 몇몇 어간들에 한정되며, 이들도 w탈락이 수의적으로 일어

난다(4.1.2.2. (B) w화 참조). 이러한 사실은 (58)을 통하여 확인할 수 있다.

(58)
a. /저누ㅣ 어두/ →/저눠두/ →/저너두/ →[저너′두]
   cf. /저누ㅣ 더라/ →[저누′더라](겨누-, 照準)
b. /감추ㅣ 어두/ →/감추아두/ →/감촤두/ →/감차두/ →[감차′두]
   cf. /감추ㅣ 더라/ →[감추′더라](가두-, 囚)
c. /거두ㅣ 어두/ →/거둬두/ →/거더두/ →[거더′두]
   cf. /거두ㅣ 더라/ →[거두′더라](거두-, 收)

(58a~c)의 음성형은 다음과 같은 음운과정을 거친 다음에 실현된다. 먼저 (58a~c)는 '/저누ㅣ 어두/ →/저눠두/ →/저너두/ →[저너′두]'에서와 같이, 어간말의 '우'는 어미초의 '어'와 통합할 때 먼저 활음소화된 후, 앞의 자음소 뒤에서 다시 탈락된다. 그 다음에 기저의 최종단계에서는 더 이상 음운과정을 거칠 것이 없으므로 음성으로 실현된다.

4.2.4. 모음소탈락

이 지역어의 모음소탈락에는 어미초 '으'의 탈락, 어간말 '으'의 탈락, 어간말 '아' 또는 '어'의 탈락이 있다. 이하에서 제시된 순서에 따라 논의하기로 한다.

4.2.4.1. 어미초 '으'의 탈락

어미초 '으'의 탈락이란 [+모음성]의 자질을 가진 음소 즉 모음소나 유음소로 끝나는 어간과 '으'로 시작하는 어미가 통합하는 경우에, 어미초의 '으'가 탈락하는 것을 말한다. 이음운과정은 곡용과 활용에 다 존재한다. 이러한 사실은 (59), (60)을 통하여 확인할 수 있다.

(59) 곡용
a. /삼시골] 으르 (가거라)/ → [삼시골′르 (가′가라)] (삼시골, 지명)
   cf. /빗] 을루/ → [비′슬르] (빗, 梳)
b. /자] 을르 (재어라)/ → [잘′르 (재′애라)] (자, 尺)
   cf. /밭] 으르/ → [바트′르] (밭, 田)
   cf. (−으(−을), −으느(은) 일 때)
      /술] 의 → /수릐/ → /수루/ → [수루′(마인′다)]
      /술] 으느 → /수르느/ → /수루느/ → [수루′느] (술, 酒)

  (59)는 모음소나 유음소로 끝나는 곡용어간에 방향을 나타내는 구격어미 /−으르/, 도구를 나타내는 구격어미 /−을르/가 통합할 때의 어미초 '으'의 탈락의 예이다. 여기에서 (59a, b)의 음성형은 다음과 같은 음운과정을 거친 다음에 실현된 것이다. 어간말 유음소 및 모음소 뒤에서 어미초의 '으'가 탈락된 후 기저의 최종단계에서는 더 이상 음운과정을 거칠 것이 없으므로 음성으로 실현된다.

  (59)에서 보다시피, 이 지역어에서 구격에서 방향을 나타내는 '−으르'와 대격어미 '−으', 주제표시어미 '−으느'의 첫 음절은 드러난 형태는 똑같이 개음절 '으'로 시작되지만, 모음소나 유음소로 끝나는 어간과 통합할 때 구격 '−으르'의 '으'만 탈락되고 주제표시어미 '−으느'와 대격 '−으'의 '으'는 절대 탈락되지 않는다. 오히려 구격에서 도구를 나타내는 '−을르'는 독립된 음절도 아니지만 첫음절 '으'가 탈락된다. 이로부터 알 수 있는봐 이 지역어에서 어미초 '으'의 탈락은 표준어에서 방향 및 도구를 나타내는 개음절 어미인 '−으로'에 대응하는 이 지역어의 어미 '−으로', '을르' 앞에서는 일어나지만, 표준어에서 대격 및 주제표시를 나타내는 폐음절어미 '−을', '−은'에 대응하는 이 지역어의 어미 '−으', '−으느' 앞에서는 일어나지 않는다. 이에 대하여 화자들이 어떻게 인식하고 있는지에 대해서 더 고찰해볼 필요성이 있다.

(60) 활용

a. /알」으무/→/알무/→[알′무], /알」은 (사람)/→/알ㄴ(사람)/→[안′ (사
   람)] (알−, 知)
   cf. /짚」으무/→[지푸′무], /짚」은/→[지푼′] (짚−, 深)
b. /구불」으무/→/구불무/→[구불′무], /구불」은 (사람)/→/구불ㄴ(사
   람)/→[구분′ (사람)] (구르−, 轉)
   cf. /먹」으무/→[머그′무], /먹」은/→[머근′] (먹−, 食)

c. /데피」으무/→[데피′무], /데피」은 (음식)/→[데핀′ (음식)] (데우−, 煬)
d. /쉬」으무/→[쉬′무], /쉬」은 (밥)/→[쉰′ (밥)] (쉬−, 醱)
e. /케」으무/→[케무′], /케」은 (사람)/→[켄′ (사람)] (켜−, 伸)
f. /뒈」으무/→[뒈′무], /뒈」은 (밥)/→[뒌′ (밥)] (되−, 硬)
g. /예」으무/→[예′무], /예」은 (지붕)/→[옌′ (지붕)] (이−, 蓋)
h. /문대」으무/→[문대′무], /문대」은 (사람)/→[문댄′ (사람)]
   (문다지−, 捅)
i. /가트」으무/→[가′트무], /가트」은 (옷)/→[가′튼(옷)] (같−, 如)
   cf. /가트」구/→[가′트구]
j. /서」으무/→[서무′], /서」은 (사람)/→[선(사람)] (서−, 立)
k. /모자라」으무/→[모′자라무], /모자라」은 (사람)/→[모′자란 (사람)]
   (모자라−, 不足)
l. /소꾸」으무/→[소′꾸무], /소꾸」은 (배추)/→[소′꾼 (배추)] (솎−, 間引)
m./오」으무/→[오무′], /오」은 (사람)/→[온(사람)] (오−, 來)

(60)은 모음소나 유음소로 끝나는 활용어간에 ‘−으’계의 활용어미가
통합할 때의 어미초 ‘으’의 탈락의 예이다. 먼저 (60a, b)의 음성형은 다
음과 같은 음운과정을 거친 다음에 실현된 것이다. 어미 /−으무/와 통합
하는 경우에는 어간말 유음소 뒤에서 어미초의 ‘으’가 탈락된 후 기저의
최종단계에서는 더 이상 음운과정을 거칠 것이 없으므로 음성으로 실현
되고, 어미 /−은/과 통합하는 경우에는 어간말 유음소 뒤에서 어미초의
‘으’가 탈락된 후 자음소군이 형성되어 다시 어간말의 ‘ㄹ’이 탈락된 후
기저의 최종단계에서 더 이상 음운과정을 거칠 것이 없으므로 음성으로

실현된다.

다음으로 (60c~m)의 음성형은 다음과 같은 음운과정을 거친 다음에 실현된 것이다. 어간말 모음소 뒤에서 어미초의 '으'가 탈락된 후 기저의 최종단계에서는 더 이상 음운과정을 거칠 것이 없으므로 음성으로 실현된다.

위와 같은 이 지역어의 어미초 '으'탈락을 지배하는 규칙은 아래의 (61)로 나타낼 수 있다.

(61)

$$
\text{으} \rightarrow \emptyset \quad \left\{ \begin{array}{l} / \ \mathbf{X}\{\text{르, V}\} \ ]_{N}\_\_C \\ \qquad\qquad [\text{대격어미 '으', 주제표시어미 '으느'가 통합할 때 제외}] \\ / \ \mathbf{X}\{\text{르, V}\} \ ]_{V_{st}}\_\_C \end{array} \right.
$$

4.2.4.2. 어간말 '으'의 탈락

어간말 '으'의 탈락이란 활용에서 '으'로 끝나는 어간과 '어'로 시작하는 어미와 통합할 때 어간말의 '으'가 탈락하는 것을 말한다. 이러한 사실은 (62)를 통하여 확인할 수 있다.

(62) **활용**
a. /뜨] 어서/ → [떠′서] cf. /뜨] 구/ → [뜨′구] (뜨-, 浮)
b. /크] 어서/ → [커′서] cf. /크] 구/ → [크′구] (크-, 大)
c. /일르] 어서/ → [일러′서]
　 cf. /이르] 구/ → [이르구′] (읽-, 讀)
d. /짤르] 어서/ → [짤라′서]
　 cf. /짜르] 구/ → [짜르′구] (짧-, 短)
e. /고프] 어서/ → [고파′서]
　 cf. /고푸] 구/ → [고푸′구] (고프-, 餓)

(62)는 '으'로 끝나는 활용어간에 활용어미 /−어서/가 통합할 때의 어간말 '으'의 탈락의 예이다. 먼저 (62a~c)의 음성형은 다음과 같은 음운과정을 거친 다음에 실현된 것이다. 어간말의 '으'는 어미초의 '어' 앞에서 탈락된 후 기저의 최종단계에서는 더 이상 음운과정을 거칠 것이 없으므로 음성으로 실현된다. 다음으로 (62d, e)의 음성형은 다음과 같은 음운과정을 거친 다음에 실현된 것이다. 어간말 음절이 '으'로 끝나고 그 앞 음절 모음이 '아' 또는 '오'인 어간 뒤에서 부사형어미 첫음절 '어'는 '아'로 교체되고, 그후 어간말의 '으'는 어미초의 '아' 앞에서 탈락된다. 그 다음에 기저의 최종단계에서는 더 이상 음운과정을 거칠 것이 없으므로 음성으로 실현된다.

위와 같은 이 지역어의 어간말 '으'의 탈락을 지배하는 규칙은 아래의 (63)으로 나타낼 수 있다.

(63)
으 → ø / X＿⟧ $_{Vst}$ 어Y

4.2.4.3. 어간말 '아' 또는 '어'의 탈락

어간말 '아' 또는 '어'의 탈락이란 '아'나 '어'로 끝나는 활용어간과 '어'로 시작하는 어미와 통합할 때에 어간말 '아' 또는 '어'가 탈락하는 것을 말한다. 곡용에서는 '/애화⟧아/→/애화야/→[애′화야]'와 같이 활음소화되기 때문에, 이 음운과정은 곡용에는 존재하지 않고 활용에만 존재한다. 그리고 활용에서 'X하'류는 제외한다. 'X하'류 어간은 /X{하−해}−/의 복합기저형으로서, '어'로 시작하는 어미와 통합할 때는 재구조화된 'X해' 형이 선택되기 때문이다. 이러한 사실은 (64)를 통하여 확인할 수 있다.

(64) 활용
a. /자] 어서/ → [자′서] cf. /자] 구/ → [자구′] (자−, 睡)
b. /만나 } 어서/ → [만나′서] cf. /만나] 구/ → [만나′구] (만나−, 逢)

c. /서] 어서/ → [서′서] cf. /서] 구/ → [서구′] (서−, 立)
d. /써] 어서/ → [써′서] cf. /써] 구/ → [써′구] (켜−, 鋸)

e. /해] 어서/ → /해애서/ → [해′애서] cf. /하] 구/ → [하′구] (하−, 爲)*
f. /스츠매] 어서/ → /스츠매애서/ → [스츠′매애서]
   cf. /스츠마] 구/ → [스츠′마구] (누비−, 縫)*

(64)는 '아' 또는 '어'로 끝나는 활용어간에 활용어미 /−어서/가 통합
할 때의 어간말 '아' 또는 '어'의 탈락의 예이다. 먼저 (64a~d)의 음성형
은 다음과 같은 음운과정을 거친 다음에 실현된 것이다. (64a, b)의 어간
말의 '아'와 (64c, d)의 어간말의 '어'는 어미초의 '어' 앞에서 탈락된 후
기저의 최종단계에서는 더 이상 음운과정을 거칠 것이 없으므로 음성으
로 실현된다.

위와 같은 이 지역어의 '아' 또는 '어'의 탈락을 지배하는 규칙은 아
래의 (65)로 나타낼 수 있다.

(65)
{어, 아} → ø / X＿] $_{Vst}$ 어Y [어간이 '(X)하−'인 경우 제외]

4.3. 삽입−활음소삽입

삽입이란 형태소 경계에서 형태소에 존재하지 않는 음소가 더 들어가
는 음운과정을 말한다. 이 지역어에서 공시적으로 발견되는 삽입으로는

활음소삽입이 있다.

활음소삽입

활음소삽입이란 명사어간과 호격어미 /-아/, 동사어간과 활용어미 /-어Y/가 통합하는 경우에 활음소가 삽입되는 음운과정을 말한다.

곡용에서는 모음소로 끝나는 명사 어간에 호격어미 /-아/가 통합하는 경우, 즉 인명에 호격어미 '-아' 결합하는 경우에 활음소삽입이 일어난다. 이러한 사실은 (66)을 통하여 확인할 수 있다.

(66)
a. /춘자] 아/ → /춘자야/ → [춘′자야] (춘자, 인명)
b. /에미] 아/ → /에미야/ → [에′미야] (에미, 호칭)
   cf. /겡옥] 아/ → [겡오′가] (경옥, 인명)

(66)은 모음소로 끝나는 곡용어간에 호격어미 /-아/가 통합할 때의 활음소삽입의 예이다. (66a~b)의 음성형은 다음과 같은 음운과정을 거쳐서 실현된 것이다. 모음소로 끝나는 어간과 호격어미 /-아/가 통합할 때 활음소 j가 삽입되어 '야'로 된다. 그 다음에 기저형의 최종단계에서는 더 이상 음운과정을 거칠 것이 없다. 그러므로 그것들은 음성으로 실현된다.

위와 같은 이 지역어의 곡용에서의 j삽입을 지배하는 규칙은 아래의 (67)로 나타낼 수 있다.

(67) ø → j / XV] ₙ __아

그 외, 활용에서 'j화–축약–j삽입'의 과정을 거치는 예들도 몇 있다. 이러한 사실은 (68)를 통하여 확인할 수 있다.

(68)

  a. /이] 어서/ →/이여서/ →/이에서/ →/예서/ →[예′서]

    cf. /이] 더라/ →[이더′라] (이-, 戴)

  b. /모이] 어서/ →[모예′서] cf. /모이] 더라/ →[모이′더라] (모이-, 集)

  c. /도이] 어서/ →[도예′서] cf. /도이] 더라/ →[도이′더라] (죄-, 締)

(68a~c)는 어간말 음절이 초성이 없이 '이'로 끝나는 어간과 활용어미 '어서'가 통합할 때의 활음소삽입의 예이다. 활음소화에서 설명하였듯이 이들의 음성형은 다음과 같은 음운과정을 거친 다음에 실현된 것이다. 이들은 '/이] 어서/ →/이여서/ →/이에서/ →/예서/ →[예′서]'에서와 같이, 어간말의 '이'와 어미초의 '어'가 통합할 때 먼저 활음소삽입이 일어나서 어미초의 '어'가 '여'로 되며, 그 후 활음소삽입된 '여'가 '에'로 축약된다. 그 후 어간말의 '이'와 축약된 '에'가 통합하면서 j화가 발생한다. 그 다음에 기저의 최종단계에서는 더 이상 음운과정을 거칠 것이 없으므로 음성으로 실현된다. 즉 'j삽입-축약-j화'의 과정을 거쳐 음성으로 실현되는 바, 어간말의 '이'와 어미초의 '어'가 통합할 때 바로 활음소화가 되지 않고 활음소삽입을 발생시키는 이것은 어간을 지켜 쓰려던 노력인 것으로 보인다(최명옥 1995a : 172~173).

활용에서 '이'로 끝나는 활용어간과 어미 /-어Y/가 통합하는 경우에, 이 지역어에서는 대부분 j삽입이 아닌, j화가 일어난다(4.1.2.2. (A) j화 참조). 그리고 '우'로 끝나는 활용어간과 어미 /-어Y/가 통합하는 경우에도 대부분 w화가 일어난다. 하지만 '좋-', '붓-'의 경우에는 (69)에서와 같이 w삽입이 수의적으로 일어나기도 한다.

(69)

  a. /좋] 어서/ →/조어서/ →/조아서/ →/조와서/ →[조′와서]

    cf. /좋] 더라/ →[조′터라] (좋-, 好)

  b. /붓] 어서/ →/부어서/ →/부워서/ →[부워′서]

    cf. /붓] 더라/ →[부떠′라] (붓-, 注)

(69a~b)의 음성형은 다음과 같은 음운과정을 거친 다음에 실현된 것이다. 먼저 유성음 사이에서 어간말의 후음소 'ㅎ', 'ㆆ' 탈락된 후 어미초 '어'의 '아'화가 발생하며, 그 후 어간말의 '오'나 '우'와 어미초의 '아', '오' 사이에서 w삽입이 일어난다. 그 다음 기저의 최종단계에서는 더 이상 음운과정을 거칠 것이 없으므로 그것들은 음성으로 실현된다. 하지만 이 경우 역시 w삽입이 수의적인 것으로서, [조아서] 또는 [조와서], [부어서] 또는 [부워서]로 발음된다.

4.4. 축약

축약이란 형태소 경계에 있는 두 음운이 합쳐져서 그 언어에 존재하는 어떤 하나의 음운으로 되는 것을 말한다. 이 지역어에 존재하는 축약으로는 자음소축약과 모음소축약이 있다. 이하에서 이들에 대해 논의하기로 한다.

4.4.1. 자음소축약

자음소축약이란 형태소 경계에 있는 두 자음소가 기존의 어느 한 자음소로 되는 음운과정을 말한다. 이 지역어에서 발견되는 자음소축약으로는 유기음소화와 경음소화가 있다.

4.4.1.1. 유기음소화

활용에서 유기음소화는 어간말의 /ㅎ/과 어미초의 /ㄷ/, /ㄱ/, /ㅈ/를 각각 /ㅌ/, /ㅋ/, /ㅊ/로 변화시키는 것을 말한다. 이 지역어에서 활용에서의 유기음소화는 의무적이다. 활용에서 일어나는 공시적인 유기음소화는 'ㅎ'로 끝나는 어간과 유기음을 대립짝으로 가지는 평음소로 시작하는 어미가 통합할 때 일어난다. 이러한 사실은 (70)을 통하여 확인할 수 있다.

(70)
a. /땋ㅣ구/→[따쿠′], /땋ㅣ더라/→[따터′라], /땋ㅣ지비/→[따치′비]
   cf. /땋ㅣ어두/→[따아′두] (땋−, 編)
b. /놓ㅣ구/→[노쿠′], /놓ㅣ더라/→[노터′라], /놓ㅣ지비/→[노치′비]
   cf. /놓ㅣ어두/→[놔′두] (놓−, 放)
c. /파랗ㅣ구/→[파′라쿠], /파랗ㅣ더라/→[파′라터라], /파랗ㅣ지비/→
   [파′라치비] cf. /파래ㅣ어두/→[파′래애두] (파랗−, 碧)

d. /많ㅣ구/→[망′쿠], /많ㅣ더라/→[만′터라], /많ㅣ지비/→[만′치비]
   cf. /많ㅣ어두/→[마′나두] (많−, 多)
e. /껎ㅣ구/→[껑′쿠], /껎ㅣ더라/→[껌′터라], /껎ㅣ지비/→[껌′치비]
   cf. /껎ㅣ어두/→[꺼머′두] (검−, 黑)
f. /핧ㅣ구/→[할쿠′], /핧ㅣ더라/→[할터′라], /핧ㅣ지비/→[할치′비]
   cf. /핧ㅣ어두/→[하라′두] (핧−, 舐)

(70)은 /ㅎ/로 끝나는 어간과 활용어미 /−구/, /−더라/, /−지비/가 통합할 때의 유기음소화의 예이다. 먼저 (70a~c)의 음성형은 다음과 같은 음운과정을 거친 다음에 실현된 것이다. 어간말의 /ㅎ/는 어미초의 /ㄱ/, /ㄷ/ 및 /ㅈ/와 축약되어 각각 유기음소 /ㅋ/, /ㅌ/와 /ㅊ/로 된다. 이제 기저형의 최종단계에서는 더 이상 음운과정을 거칠 것이 없으므로 음성으로 실현된다. 다음 (70d~f)의 음성형은 다음과 같은 음운과정을 거친 다음에 실현된 것이다. 어간말의 /ㅎ/는 어미초의 /ㄱ/, /ㄷ/ 및 /ㅈ/와 축약되어 각각 유기음소 /ㅋ/, /ㅌ/와 /ㅊ/로 된다. 그리고 어간말의 /ㄴ/와 /ㅁ/는 어미초의 /ㅋ/ 앞에서 연구개음소화되어 /ㅇ/으로 된다. 이제 기저형의 최종단계에서는 더 이상 음운과정을 거칠 것이 없으므로 음성으로 실현된다.

위와 같은 이 지역어의 활용에서의 유기음소화를 지배하는 규칙은 아래의 (71)로 나타낼 수 있다.

(71)

$$\begin{matrix} X & ㅎ &] & \{ㄱ, ㄷ, ㅈ\} & Y \to \\ 1 & \begin{bmatrix} 2 \\ \varnothing \end{bmatrix} & & \begin{bmatrix} 3 \\ +유기성 \end{bmatrix} & 4 \end{matrix}$$

곡용에서 유기음소화는 평파열음소화된 어간말의 /ㅂ/, /ㄱ/, /ㄷ/와 어미초의 /ㅎ/를 각각 /ㅍ/, /ㅋ/, /ㅌ/로 변화시키는 것을 말한다. 한국어에서, 곡용에서 유기음소화가 가능한 경우는 유기음소를 대립짝으로 가진 평음으로 끝나는 어간과 공동격어미 기능을 가진 '하구(하고)'가 통합할 때인데, 그 경우 이 지역어에서는 유기음소화가 일어나지 않는다. 이러한 사실은 (72)를 통하여 확인할 수 있다.

(72)
a. /밥] 하구/ → [바′바구] (밥, 食)*
b. /밭] 하구/ → [바′다구] (밭, 田)*
c. /떡] 하구/ → [떠′가구] (떡, 餠)*

또한 이 지역어에서 '−하다'류 용언과 피사동접사 '−히'와의 결합에서도 일부 유기음소화가 나타난다. 이러한 사실은 (73)을 통하여 확인할 수 있다.

(73)
하′파다(합하다), 그′파다(급하다), 데피′다(덥히다), 이피′다(입히다), 질′쭈가다(길쭉하다), 뾰′주가다(뾰족하다), 꼬꼬다다′(꼿꼿하다), 답다바다′(답답하다), 시기′다(식히다), 요′가다(욕하다)*

4.4.1.2. 경음소화

활용에서 축약에 의한 경음소화는 어간말의 /ㅎ/과 어미초의 /ㄷ/, /ㄱ/, /ㅈ/를 각각 /ㄸ/, /ㄲ/, /ㅉ/로 변화시키는 것을 말한다. 이 지역어에서 활용에서의 경음소화는 의무적이다. 활용에서 일어나는 축약에 의한 경음소화는 'ㅎ'으로 끝나는 어간과 격음소를 대립짝으로 가지는 평음소로 시작하는 어미가 통합할 때 일어난다. 이러한 사실은 (74)를 통하여 확인할 수 있다.

(74)
a. /짛ㅣ구/→[지′꾸], /짛ㅣ더라/→[지′떠라], /짛ㅣ지비/→[지′찌비]
    cf. /짛ㅣ어두/→[저′두] (짓-, 作)
b. /붛ㅣ구/→[부꾸′], /붛ㅣ더라/→[부떠′라], /붛ㅣ지비/→[부찌′비]
    cf. /붛ㅣ어두/→[부어′두] (붓-, 注)
c. /뿛ㅣ구/→[뿔꾸′], /뿛ㅣ더라/→[뿔떠′라], /뿛ㅣ지비/→[뿔찌′비]
    cf. /뿛ㅣ어두/→[뿌러′두] (붇-, 增)

(74)는 /ㅎ/으로 끝나는 어간과 활용어미 /−구/, /−더라/, /−지비/가 통합할 때의 축약에 의한 경음소화의 예이다. 먼저 (74a~c)의 음성형은 다음과 같은 음운과정을 거친 다음에 실현된 것이다. 어간말의 /ㅎ/는 어미초의 /ㄱ/ 및 /ㄷ/, /ㅈ/와 축약되어 각각 경음소 /ㄲ/와 /ㄸ/, /ㅉ/로 된다. 이제 기저형의 최종단계에서는 더 이상 음운과정을 거칠 것이 없으므로 음성으로 실현된다.

위와 같은 이 지역어의 축약에 의한 경음소화를 지배하는 규칙은 아래의 (75)로 나타낼 수 있다.

(75)

$$\begin{array}{ccccccc} X & \text{ㅎ} &] & \{\text{ㄱ, ㄷ, ㅈ}\} & Y & \rightarrow \\ 1 & \begin{bmatrix} 2 \\ \emptyset \end{bmatrix} &] & \begin{bmatrix} 3 \\ +\text{경음성} \end{bmatrix} & 4 \end{array}$$

4.4.2. 모음소축약

모음소축약이란 두 개의 모음이 통합하여 기존의 어느 한 모음과 같
게 되는 음운과정을 말한다. 이 지역어에서 발견되는 공시적 모음소축약
은 활용에서만 발견되는데, 그것은 '이'로 끝나는 어간과 '어'로 시작하
는 어미가 통합할 때에 일어난다. 다시 말하면, 어간말의 '이'가 j화하고
이렇게 형성된 이중모음 '여'가 '에'로 되는 것이다. 이러한 사실은 (76)
을 통하여 확인할 수 있다.

(76) 활용
a. /빼키] 어서/ →/빼켜서/ →/빼케서/ →[빼케′서]
  cf. /빼키] 더라/ →[빼키′더라] (바르−, 摘出)
b. /채리] 어서/ →/채려서/ →/채레서/ →[채레′서]
  cf. /채리] 더라/ →[채리′더라] (차리−, 備)
d. /디비] 어서/ →/디벼서/ →/디베서/ →[디베′서]
  cf. /디비] 더라/ →[디비′더라] (뒤지−, 索)
e. /이피] 어서/ →/이펴서/ →/이페서/ →[이페′서]
  cf. /이피] 더라/ →[이피′더라] (입히−, 使衣)
f. /히] 어서/ →/혀서/ →/헤서/ →[헤′서]
  cf. /히] 더라/ →[히′더라] (희−, 白)
g. /고치] 어서/ →/고쳐서/ →/고체서/ →[고체′서]
  cf. /고치] 더라/ →[고치′더라] (고치−, 改)
h. /쥐] 어서/ →/주여서/ →/줴에서/ →[줴′에서]
  cf. /쥐] 더라/ →[쥐′더라] (쥐−, 握)

(76a~h)는 어간말 음절이 음절초에 자음이 있는 '이'로 끝나는 어간
과 활용어미 '어서'가 통합할 때의 모음소축약의 예이다. 이들의 음성형
은 다음과 같은 음운과정을 거친 다음에 실현된 것이다. 이들은 '/빼
키] 어서/ →/빼켜서/ →/빼케서/ →[빼케′서]'에서와 같이, 어간말의 '이'
와 어미초의 '어'가 통합할 때 먼저 j화가 일어난 후, j화되어 형성된

'여'가 '에'로 축약된다. 그 다음에 기저의 최종단계에서는 더 이상 음운 과정을 거칠 것이 없으므로 음성으로 실현된다.

그리고 어간말 음절이 초성이 없이 '이'로 끝나는 어간과 활용어미 '어서'가 통합할 때에는 'j화—축약—j삽입'의 과정을 거친다. 이러한 사실은 (77)을 통하여 확인할 수 있다.

(77)
a. /이] 어서/→/이여서/→/이에서/→/예서/→[예′서]
   cf. /이] 더라/→[이더′라] (이-, 戴)
b. /모이] 어서/→[모예′서] cf. /모이] 더라/→[모이′더라] (모이-, 集)
c. /도이] 어서/→[도예′서] cf. /도이] 더라/→[도이′더라] (죄-, 締)

(77a~c)의 음성형은 활음소화에서 설명하였듯이 다음과 같은 음운과 정을 거친 다음에 실현된 것이다. 이들은 '/이] 어서/→/이여서/→/이에 서/→/예서/→[예′서]'에서와 같이, 어간말의 '이'와 어미초의 '어'가 통 합할 때 먼저 활음소삽입이 일어나서 어미초의 '어'가 '여'로 되며, 그 후 활음소삽입된 '여'가 '에'로 축약된다. 그 후 어간말의 '이'와 축약된 '에' 가 통합하면서 j화가 발생한다. 그 다음에 기저의 최종단계에서는 더 이상 음운과정을 거칠 것이 없으므로 음성으로 실현된다. 즉 'j삽입—축약—j화' 의 과정을 거쳐 음성으로 실현되는바, 어간말의 '이'와 어미초의 '어'가 통 합할 때 바로 활음소화가 되지 않고 활음소삽입을 발생시키는 이것은 어 간을 지켜 쓰려던 노력인 것으로 보인다(최명옥 1995a : 172~173).

위와 같은 이 지역어의 모음소축약을 지배하는 규칙은 아래의 (78)로 나타낼 수 있다.

(78)

$$\begin{matrix} X & j &] & & \vartheta & & Y & \to \\ 1 & \begin{bmatrix} 2 \\ \emptyset \end{bmatrix} &] & & \begin{bmatrix} 3 \\ e \end{bmatrix} & & 4 \end{matrix}$$

제5장

결 론

이 책에서는 중국 길림성 장백조선족자치현 삼수골의 조선족들이 사용하고 있는 한국어(조선어)를 대상으로 하여, 함경남도 삼수지역어의 공시적 음운과정과 음운규칙에 대해 고찰하였다. 지금까지 이 지역어에 대한 공시음운론적 연구에서 논의된 결과를 정리하면 다음과 같다.

우선, 음운목록에서,

이 지역어는 19개의 순수자음소 (/ㅂ(p)/, /ㅃ(p')/, /ㅍ(pʰ)/, /ㄷ(t)/, /ㄸ(t')/, /ㅌ(tʰ)/, /ㅅ(s)/, /ㅆ(s')/, /ㅈ(c)/, /ㅉ(c')/, /ㅊ(cʰ)/, /ㄱ(k)/, /ㄲ(k')/, /ㅋ(kʰ)/, /ㅁ(m)/, /ㄴ(n)/, /ㅇ(ŋ)/, /ㆆ(ʔ)/, /ㅎ(h)/)와 하나의 유음소 (/ㄹ(l)/), 그리고 두 개의 활음소 (/j(j)/, /w(w)/), 8개의 단모음소(/ㅣ(i)/, /ㅔ(e)/, /ㅐ(ɛ)/, /ㅡ(ɯ)/, /ㅓ(ə)/, /ㅜ(u)/, /ㅗ(o)/, /ㅏ(a)/)와 11개의 이중모음소(/ㅖ(je)/, /ㅒ(jɛ)/, /ㅕ(jə)/, /ㅠ(ju)/, /ㅛ(jo)/, /ㅑ(ja)/, /ㅟ(wi)/, /ㅞ(we)/, /ㅙ(wɛ)/, /ㅝ(wə)/, /ㅘ(wa)/)를 가지며 2개의 성조소 즉 고조소와 저조소를 가진다.

이 중에서 특기할 것은 이 지역어에서는 'ㄷ, ㄸ, ㅌ, ㅅ, ㅆ'와 'ㅈ,

쪼, ㅊ'의 음가가 각각 '치음'과 '치조음'이라는 것과, 성조소의 기능이 동남방언과 대조적이라는 것이다. 즉 동남방언에서 '고조소'와 '저조소'를 넘나드는 '고조소'는 이 지역어에서 '저조소'를 가지며, 동남방언 중 경남방언에서 '저조소'를 가지고 경북방언에서 '상성조소'를 가지는 것은 이 지역어에서 '고조소'를 가진다.

다음, 어미와 어간의 기저형에서,

(1) 자음소로 시작되는 단일기저형 곡용어미로는 /-마/, /-마다/, /-뿐/, /-꺼Y(꺼지, 꺼정)/, /-처러/, /-가/, /-보다/, /-두/ 등이 있다.

(2) 모음소로 시작되는 단일기저형 곡용어미로는 /-이/, /-에(에, 에서, 에게, 에다)/, /-을르/, /-으Y(으느, 으르)/, /-아/ 등이 있다.

(3) 복합기저형을 가지는 곡용어미로는 /-{ø-ㄹ}의/가 있다.

(4) 자음소로 시작되는 단일기저형 활용어미로는 /-니/, /-느라구/, /-구/, /-게/, /-길래/, /-기오/, /-지/, /-지만/, /-지비/, /-자/, /-자구/, /-다가/, /-덩가/, /-더라/, /-더니/ 등이 있다.

(5) 모음소로 시작되는 단일기저형 활용어미로는 /-으무/, /-으이까(디)/, /-으메(서리)/, /-으나/, /-으께/, /-을라/, /-을깨바/, /-어두/, /-어(서)/, /-어라/, /-어야/, /-어/, /-어래/ 등이 있다.

(6) 복합기저형을 가지는 활용어미로는 /-{ø-ㄴ}은데/, /-{ø-ㄴ}은두/, /-{ø-ㄴ}은지/, /-{ø-ㄴ}응가/, /-{{은-는}-ø}다/, /-{ø-ㅅ}음메/, /-{ø-ㅅ}읍떼/, /-{ø-ㅅ}오/, /-{ø-ㅅ}우다/ 등이 있다.

(7) 단일자음소(유음소포함)로 끝나는 단일기저형 곡용어간으로는 양순음소로 끝나는 것(ㅂ, ㅍ, ㅁ), 치음소 및 치조음소로 끝나는 것(ㄷ, ㅌ, ㅅ, ㄴ, ㄹ, ㅈ, ㅊ), 연구개음소로 끝나는 것(ㄱ, ㅇ)이 있다.

(8) 자음소군으로 단일기저형 곡용어간으로는 'ㄳ, ㅄ, ㄺ, ㄼ'로 끝나

는 것들이 있다.

(9) 모음소로 끝나는 단일기저형 곡용 어간으로는 '이, 에, 애, 으, 어, 우, 오, 아'로 끝나는 것이 있다.

(10) 복합기저형을 가지는 곡용어간으로는 'X{ø－이}'류의 어간들이 있다.

(11) 단일자음소(유음소포함)로 끝나는 단일기저형 활용어간으로는 양순음소로 끝나는 것(ㅂ, ㅍ, ㅁ), 치음소 및 치조음소로 끝나는 것(ㄷ, ㅌ, ㅅ, ㄴ, ㄹ, ㅈ, ㅊ), 연구개음소로 끝나는 것(ㄱ, ㅇ), 후음소로 끝나는 것(ㅎ, ㆆ)이 있다.

(12) 자음소군으로 단일기저형 활용어간으로는 'ㅄ, ㄵ, ㄾ, ㄼ, ㄺ, ㄻ, ㅀ, ㅭ'로 끝나는 것들이 있다.

(13) 모음소로 끝나는 단일기저형 활용어간으로는 '이, 에, 애, 으, 어, 우, 오, 아'로 끝나는 것들이 있다.

(14) 복합기저형을 가지는 활용어간으로는 'X{ø－래}－'류, 'X{우－으}－'류, 'X{ø－르}－'류, 'X{우－르}－'류, 'X{아－애}－'류, 'X{ㅎ－애}－'류, 'X{ㅎ－에}－'류, 'X{에－애}－'류, 'X{앟－애}－'류, 'X{엏－애}－'류의 어간들이 있다.

다음, 음운과정과 음운규칙에서,

(1) 어말이나 자음소로 시삭하는 어미 앞에서 어간말자음소의 평파열음소화와 어간말의 '애'나 '에' 뒤에서 활용 어미초 '어'의 완전순행동화는 한국어의 다른 지역의 방언과 동일하다.

(2) 자음소교체에서 비음소화, 연구개음소화, 양순음소화는 의무적이며, 어미초 'ㄴ'의 유음소화는 어간말 자음군 'ㅀ', 'ㅭ'과 'ㄾ' 뒤에서만 일어난다.

(3) 어미초 평음의 경음소화는 어간말이 평파열음소인 경우에는 곡용

과 활용에서 모두 일어나며, 어간말이 비음소일 때에는 활용에서 만 일어난다.

(4) 어미초 '으'의 원순모음소화는, 어간말의 양순음소 뒤에서, 그리고 원순모음소를 가진 어간말 음절 뒤에서 일어난다. 어간말의 양순음소 뒤에서 일어나는 원순모음소화는 곡용과 활용에서 다 일어나며, 원순모음소를 가진 어간말 음절 뒤에서 일어나는 원순모음소화는 활용에서만 일어난다.

(5) 어미초 '으'의 완전순행동화는 곡용과 활용에서 다 일어난다. 곡용의 경우는 'ㅇ(ŋ)'으로 끝나는 어간과 대격어미 '−으'가 통합할 때 일어나고, 활용의 경우는 후음소 'ㅎ' 또는 'ㆆ'으로 끝나는 어간과 어미 '−으무'가 통합할 때와 모음소나 유음소로 끝나는 어간과 하오체의 종결어미 '−음메', '−읍떼'가 통합할 때 일어난다.

(6) 활음소화에는 j화와 w화가 있다. 곡용에서의 j화는 '이'로 끝나는 어간에 처격어미 '−에'가 통합할 때 일어난다. 1음절 어간에 '에'가 통합할 때에는 j화를 보이지 않는다. 이들 어간은 j화를 거친 다음 어간말 음절의 초성이 없으면 그대로 실현되고 초성이 있으면 j화 뒤에 다시 j탈락이 일어난다. 활용에서의 j화는 어간의 음절 수나 어간말 음절 구조에 관계없이 다 일어난다. 이들 어간은 j화를 거친 다음 어간말 음절의 초성이 없으면 그대로 실현되고 초성이 있으면 j화 뒤에 '여−에'의 축약이 일어난다(/{지, 치, 찌}ㅣ어/의 경우에는 j화 이후 '여−에'의 축약을 거치는 경우와 j탈락을 거치는 경우가 있다). 한편 이 지역어에서 w화는 곡용에서는 일어나지 않는다. 활용에서는 '우'나 '오'로 끝나는 활용어간에 '어'로 시작하는 어미가 통합하면, 어간말의 '우'나 '오'는 예외 없이 w화한다. 이들 어간은 w화를 거친 다음 대부분 w탈락을 하지 않는다.

(7) 이 지역어에서 부사형어미 초 '어'의 '아'화는 다음과 같이 실현

된다.

첫째, 어간말 음절의 모음이 '아'나 '오', '애'로 끝났을 경우에는 어간의 음절수에 관계 없이 부사형어미 '-어Y'의 첫음 '어'는 '아'로 교체되며, 어간말 음절의 모음이 '이, 어, 에'인 경우에는 어간말 음절수에 관계 없이 '-어Y'로 실현된다.

둘째, 어간말 음절의 모음이 '우', 또는 '으'인 경우에 이 지역어의 부사형어미 '-어Y'의 결합양상은 좀 복잡하게 나타나는바,

1음절 어간인 경우, '-어Y'로 실현된다.

2음절 이상의 어간인 경우,

어간말 음절이 '우'로 끝나는 어간은 어간말 음절 앞 음절의 모음이 '아, 오, 애'인 경우, 부사형 어미의 첫 음은 '아'로 교체되며, 어간말 음절의 앞 음절의 모음이 '아, 오, 애' 이외의 기타 모음이면 부사형어미의 첫 음은 '어'로 실현된다. 다음 어간말 음절이 개음절 '우'로 끝났을 경우에는 '아'로 교체되며, 어간말 음절이 '르'로 끝났을 경우에는 '어'로 실현된다.

어간말 음절이 '으'로 끝나는 어간은 어간말 음절 앞 음절의 모음이 '아, 오, 애'인 경우에는 부사형 어미의 첫 음은 '아'로 교체되며, 어간말 음절 앞 음절의 모음이 '아, 오, 애' 이외의 기타 모음인 경우에는 부사형 어미는 '어'로 실현된다.

셋째, 소위 표준어에서 'ㅂ'변칙용언에 속하는 어간은, 1음절 어간일 경우, 부사형 어미의 첫 음은 어간말 음절 '아, 오, 애' 뒤에서는 '아'로 교체되고, '아, 오, 애' 이외의 기타 모음인 경우에는 '어'로 실현된다. 그리고 2음절 이상 어간 뒤에서는 부사형어미 '-어Y'의 첫 음은 언제나 '아'로 교체된다.

(8) 후음소탈락은 유성음 사이에서 의무적으로 일어난다. 어간말의 'ㅇ'이나 'ㄴ'탈락은 곡용에서만 일어나는데, 어간말의 'ㅇ'탈락은

모음으로 시작하는 어미와 통합할 때에 일어나고, 어간말의 'ㄴ' 탈락은 주격어미나 계사의 '이' 앞에서 일어난다.

(9) 자음소군단순화는, 자음군이 'ㅄ', 'ㄳ'인 경우 'ㅅ'이 탈락되며, 'ㄴ' 계열의 자음군, 즉 'ㄵ', 'ㄶ'일 경우 'ㄴ'이 유지되며, 'ㅁㅁ', 'ㅁㅎ'일 경우에는 'ㅁ'이 유지되며, 'ㄹ'계열의 자음군일 경우에는 'ㅀ', 'ㄹㅎ', 'ㄾ'일 때에는 'ㄹ'이 유지되며, 나머지 경우 즉 'ㄼ', 'ㄺ'일 때에는 'ㄹ'이 탈락한다.

(10) 유음소탈락은 'ㄴ', 'ㄷ', 'ㅈ'으로 시작하는 어미 앞에서 일어나며, 일부 'ㄹ'말음 어간들은 모든 자음소 앞에서 일어나기도 하며, 또한 하오체 및 하우다체의 종결어미 '-오', '-음메', '-읍떼', '-우다' 앞에서 일어난다.

(11) 활음소탈락은 자음 뒤에서 일어나는데, j탈락은 곡용에서 일어나고, w탈락은 활용에서 일부 어간들에만 한정되어 나타난다.

(12) 어미초의 '으'탈락은 모음이나 'ㄹ'로 끝나는 어간 뒤에서 일어나며, 곡용의 경우에는 표준어에서 개음절로 시작되는 어미인 '-으로'에 해당하는 도구 또는 방향을 나타내는 구격어미 '-을루' 또는 '-으루'의 '으'만이 탈락한다(주제격표시어미 '-으느' 대격어미 '-으'일 때 제외). 어간말의 '으'탈락은 활용에서 '어'로 시작하는 어미와 통합할 때에 일어난다.

(13) 어간말 '아'나 '어'의 탈락은 활용에만 존재하며 '어'로 시작하는 어미 앞에서 일어난다.

(14) j삽입은 모음소로 끝나는 어간과 호격어미 '아'가 통합할 때에 일어난다. 그리고 어간말 음절이 초성이 없이 '이'로 끝나는 어간과 활용어미 '어서'가 통합할 때 일어나는데, 'j삽입-축약-j화'의 과정을 거쳐 음성으로 실현된다.

(15) 유기음소화는 활용에서만 'ㅎ'으로 끝나는 어간과 유기음소를 대

립짝으로 가지는 평음소로 시작하는 어미와 통합할 때 일어난다. 이 지역어에서 곡용에서는 유기음소화가 일어날 환경에서도 유기음소화가 일어나지 않는다. 또한 '-하다'류 용언과 피사동접사 '-히'와의 결합에서는 일부 유기음소화가 일어난다.

(16) 축약에 의한 경음소화는 'ㅎ'로 끝나는 어간과 경음을 대립짝으로 가지는 평음소로 시작하는 어미가 통합할 때 일어난다.

(17) 모음소축약은 활용에서만 일어나며, '이'로 끝나는 어간과 '아'로 시작하는 어미가 통합할 때에 j화가 일어난 다음에 '여-에'의 축약의 형태로 일어난다.

이상과 같은 것이 이 책의 간략한 내용이 되겠는데, 한 지역어에 대해 전반적인 요해를 하려면 음운, 어휘, 문법 등 언어체계 전반에 대한 연구가 이루어져야 하는데 이 책에서는 공시적인 음운론 연구에만 국한되었다. 앞으로 이 지역어에 대한 통시음운론 및 문법, 어휘에 대한 전반적이고 종합적인 검토가 이루어져야 할 것이다.

참고문헌

姜昶錫(1982), 현대 국어의 형태소 분석과 음운 현상,『國語研究』50, 서울大 國語研究會.

姜昶錫(1985), 活用과 曲用에서의 形態論과 音韻論,『울산어문논집』2, 울산대 국어국문학과.

高永根(1999),『國語形態論 研究』, 서울大 出版部.

郭忠求(1990), 북한의 방언연구,『북한의 국어국문학 연구』, 지식산업사, 국어국문학회.

郭忠求(1991), 咸鏡北道 六鎭方言의 音韻論, 서울대 박사학위논문[『咸北 六鎭方言의 音韻論』, 國語學叢書 20, 1994, 太學社].

郭忠求(1991), 咸鏡道 方言 研究의 전개 과정과 그 전망,『행촌 김영배 선생 회갑기념논총』, 慶雲出版社[金英培 편,『南北韓의 方言研究』, 1992].

곽충구(1997), 연변지역의 함북 길주·명천 방언에 대한 조사 연구—음운·어휘·문법 조사 자료—,『애산학보』20.

곽충구(1998a), 동북·서북방언,『문법 연구와 자료』(이익섭 선생 회갑기념논총), 태학사.

곽충구(1998b), 동북 방언,『새국어생활』8·4, 국립국어연구원.

곽충구(2000), 함북방언의 비자동적 교체 어간과 그 단일화 방향,『21세기 국어학의 과제』, 월인.

郭忠求(2001), 口蓋音化 規則의 發生과 그 擴散,『震檀學報』92, 震檀學會.

곽충구(2003), 현대국어 모음체계와 그 변화의 방향,『國語學』41, 國語學會.

郭忠求(2005), 육진방언의 음운변화—20세기 초로부터 1세기 동안의 변화—,『震檀學報』100, 震檀學會.

김경아(1990), 활용에서의 기저형 설정과 음운현상,『國語研究』94, 서울大 國語研究會.

김병제(1959),『조선어방언학개요(상)』, 평양 : 사회과학원출판사.

김병제(1965), 『조선어방언학개요(중)』, 평양 : 사회과학원출판사.

김병제(1975), 『조선어방언학개요(하)』, 평양 : 사회과학원출판사.

김병제(1980), 『방언사전』, 평양, 백과사전출판사.

金鳳國(2002), 江原道 南部地域 方言의 音韻論, 서울대 박사학위논문.

金星奎(1988), 非自動的 交替의 共時的 記述, 『冠嶽語文硏究』 13, 서울大 國語國文
　　　　學科.

金星奎(1989), 活用에 있어서의 化石形, 『周時經學報』 3, 塔出版社.

金星奎(2000), 불규칙 활용에 대한 몇 가지 논의, 『형태론』 2-1, 박이정.

김성규(2003), '여>예>에'의 변화 과정에 대하여, 『冠嶽語文硏究』 28, 서울大 國
　　　　語國文學科.

金英培(1992), 『南北韓의 方言硏究 : 그 現況과 課題』, 慶雲出版社.

김영황(1982), 『조선어방언학』, 평양 : 김일성대학종합출판사.

김옥화(2001), 부안지역어의 음운론적 연구, 서울대 박사학위논문.

金完鎭(1971), 音韻現象과 形態論的 制約, 『學術院論文集(人文・社會科學)』 10.

金完鎭(1972), 形態論的 懸案의 音韻論的 克服을 爲하여, 『東亞文化』 11, 서울大
　　　　東亞文化硏究所.

金春子(2003), 中國 延邊 龍井地域 韓國語의 音韻現象에 대한 硏究, 명지대 석사학
　　　　위논문.

金春子(2006), 함경남도 삼수지역어 어미의 기저형, 『방언학』 4, 한국방언학회.

김태균(1982), 함경북도 육읍방언 연구, 『경기어문학』 3.

김태균(1983), 함경북도방언 조사연구Ⅰ, 『우보 전병두박사 화갑기념논문집』.

김태균(1985), 함경북도방언 조사연구Ⅱ, 『한국문화연구』 2.

金泰均(1986), 『咸北方言辭典』, 京畿大 出版局.

김　현(2001), 활용형의 재분석에 의한 용언 어간의 재구조화, 『國語學』 37, 國語
　　　　學會.

金　玄(2003), 活用上에 보이는 形態音韻論的 變化의 要因과 類型, 서울대 박사학
　　　　위논문.

김홍실(2004), 연변지역어의 마침법씨끝 연구, 부산대 석사학위논문.

남기심・고영근(1993), 『표준 국어문법론(개정판)』, 탑출판사.

리득춘(1988), 『조선어 어휘사』, 연변대학출판사.

배주채(1989), 음절말자음과 어간말자음의 음운론, 『國語硏究』 91, 서울大 國語硏
　　　　究會.

배주채(1994), 고흥방언의 음운론적 연구, 서울대 박사학위논문. [『고흥방언 음운론』, 1998, 國語學叢書 32, 太學社]

소신애(2002), 연변 훈춘지역 조선어의 진행중인 음변화 연구 : 구개음화 현상을 중심으로, 서강대 석사학위논문.

소신애(2005), 공시적 음운 변이와 통시적 음운 변화의 상관성—함북 육진방언을 중심으로, 서강대 박사학위논문.

宋喆儀(1982), 國語의 音節問題와 子音의 分布制約에 대하여, 『冠嶽語文研究』 7, 서울大 國語國文學科.

宋喆儀(1990), 자음동화, 『國語研究 어디까지 왔나』(서울大 國語國文學科 國語研究會 編), 東亞出版社.

宋喆儀(1991), 國語 音韻論에 있어서의 體言과 用言, 『國語學의 새로운 認識과 展開』(金完鎭先生 回甲紀念論叢), 民音社.

宋喆儀(1995), 國語의 滑音化와 관련된 몇 問題, 『檀國語文論集』 創刊號, 檀國大 國語國文學科.

宋喆儀(1996), 國語의 音韻現象와 辨別的 資質, 『李基文教授 停年退任紀念論叢』, 신구문화사.

宋喆儀(2000), 形態論과 音韻論, 『國語學』 35, 國語學會.

유필재(2001), 서울지역어의 음운론적 연구, 서울대 박사학위논문.

이기갑(1990), 방언어휘론, 『방언학의 자료와 이론』, 국어국문학회.

李氣銅(1993), 『北青方言의 音韻論』, 高大民族文化研究所.

이기문(1962), 중세국어의 특수어간교체에 대하여, 『震檀學報』 23, 震檀學會.

李基文(1972), 『國語音韻史研究』, 塔出版社.

李基文(1998), 『國語史概說(新訂版)』, 太學社.

李秉根(1978), 음운규칙과 비음운론적 제약, 『國語學』 3.

李秉根(1979), 국어 방언 연구의 흐름과 반성, 『방언』 1.

李秉根(1979), 『音韻現象에 있어서의 制約』, 塔出版社.

李秉根(1981), 유음탈락의 음운론과 형태론, 『한글』 173·174, 한글학회.

이상신(1998), VyV연쇄에 대한 통시론적 연구, 『國語研究』 155, 서울大 國語研究會.

李崇寧(1967), 國語方言史, 『韓國文化史大系』 V(言語·文學史), 高麗大 民族文化研究所.

李翊燮(1974), 國語敬語法의 體系化問題, 『國語學』 2, 國語學會.

李翊燮(1981), 『嶺東·嶺西의 言語分化-江原道의 言語地理學』, 서울大 出版部.

李翊燮(1984), 『方言學』, 民音社.

이진호(1997), 국어 어간말 자음군과 관련 현상에 대한 통시음운론, 『國語研究』 147, 서울大 國語研究會.

이진호(1998), 국어 비모음화(鼻母音化)와 관련된 이론적 문제, 『國語學』 37, 國語學會.

이진호(2001), 국어 유음화에 대한 종합적 고찰, 『國語學』 31, 國語學會.

이진호(2002a), 화석화된 활용형에 대하여, 『국어국문학』 130, 국어국문학회.

이진호(2002b), 음운교체양상의 변화와 공시론적 기술, 서울대 박사학위논문.

李春英(2004), 함북 명천 방언의 불규칙 활용 연구, 서울대 석사학위논문.

李賢熙(1982), 國語의 疑問法에 대한 通時的 研究, 『國語研究』 160, 서울대 國語研究會.

林錫圭(1999), 榮州 地域語의 音韻論的 研究, 『國語研究』 160, 서울대 國語研究會.

임석규(2002), 음운탈락과 관련된 몇 문제, 『國語學』 40, 國語學會.

전학석(1991), 함경도방언의 음조에 대한 연구, 연변대학 조선언어문학학부 박사논문. [『함경도방언의 음조에 대한 연구』, 1993, 태학사]

전학석(1996), 류진방언의 음운론적 특성, 『조선학연구론문집』.

전학석(1996), 『조선어방언학』, 연길 : 연변대학출판사.

鄭承喆(1995), 『濟州方言의 通時音韻論』, 國語學叢書 25, 國語學會.

정용호(1988), 『함경도방언연구』, 평양 : 교육도서출판사.

정인호(2004), 원평북방언과 전남방언의 음운론적 대조 연구, 서울대 박사학위논문.

정의향(2003), 조선어 방언의 홑모음에 대한 음향학적분석-중국의 조선어 주요방언을 대상으로-, 연변대학 석사학위논문.

집필조(1993), 『중국조선어실태 조사보고』, 심양 : 료녕민족출판사.

蔡玉子(1999), 중국 연변지역어의 활음화에 대하여, 『애산학보』 23.

蔡玉子(2002), 中國 延邊地域 韓國語의 音韻體系와 音韻現象, 서울대 박사학위논문.

崔明玉(1982), 『月城地域語의 音韻論』, 嶺南大 出版部.

崔明玉(1985), 19世紀後期 西北方言의 音韻論, 『人文研究』 7 : 4. 嶺南大.

崔明玉(1988), 變則動詞의 音韻現象에 대하여 : lɨ-, lə-, ɛ-, h-變則動詞를 中心으로, 『語學研究』 24-1, 서울대 어학연구소.

崔明玉(1990), 方言, 『國語研究 어디까지 왔나』, 東亞出版社.

崔明玉(1992a), 慶尚北道의 言語地理學 : 副詞形語尾 '아X'의 母音調和를 중심으

로,『震檀學報』73, 震檀學會.

崔明玉(1992b), 북한의 어음연구,『語學研究』28 : 3.

崔明玉(1992c), 북한의 방언론,『語學研究』28 : 3.

崔明玉(1993), 語幹의 再構造化와 交替形의 單一化 方向,『省谷論叢』24. 성곡학술
　　　재단.

崔明玉(1995a), 'X ㅣ]Vst어Y'의 音韻論,『震檀學報』79, 震檀學會.

崔明玉(1995b), 慶南 陜川地域語의 音韻論,『大東文化研究』제30집.

崔明玉(1998a), 現代國語의 聲調素體系,『國語學』31.

崔明玉(1998b),『國語音韻論과 資料』, 태학사.

崔明玉(1998c),『한국어 方言研究의 실제』, 태학사.

崔明玉(1999), 現代國語의 聲調型과 그 分布,『震檀學報』88, 震檀學會.

崔明玉(2000), 중국연변지역의 한국어 연구,『한국문화』25.

崔明玉(2004),『국어음운론』, 태학사.

崔明玉(2005a), 국어방언학의 체계,『방언학』1, 한국방언학회.

崔明玉(2005b), 한국어 음운규칙 적용의 한계와 그 대체 기제,『인문논총』53, 서
　　　울대.

崔明玉(2006a), 국어의 공시형태론,『이병근선생퇴임기념 국어학논총』, 도서출판
　　　역락.

崔明玉(2006b), 활용어간의 공시형태론,『김규철 교수 정년기념 논총』, 도서출판
　　　역락.

최명옥・곽충구・배주채・전학석(2002),『함북 북부지역어 연구』, 태학사.

崔鶴根(1978),『韓國方言辭典』, 玄門社.

崔鶴根(1991),『國語方言研究』, 明文堂.

하신영(2004), 'X{C, V}ㅣ아/어Y'의 음운론적 연구,『國語研究』175, 國語研究會.

한두복(1962), 륙진방언 연구(개요),『조선어학』2.

한성우(2003), 의주방언의 음운론적 연구, 서울대 박사학위논문.

한영균(1988), 非音節化 規則의 通時的 變化와 그 意味,『울산어문논집』4, 蔚山大
　　　국어국문학과.

허　웅(1983),『국어학 : 우리말의 오늘・어제』, 서울 : 정음사.

허　웅(1995),『20세기 우리말의 형태론』, 서울 : 샘문화사.

한영순(1967),『조선어방언학』, 평양 : 김일성종합대학출판사.

洪允杓(1985), 口蓋音化에 대한 歷史的 研究, 震檀學報 60.

홍윤표(1994), 『근대국어연구(Ⅰ)』, 태학사.

황대화(1967), 『동해안 방언연구』, 평양 : 김일성종합대학출판사.

趙習·宣德五(1986), 朝鮮語六鎭話的方言特點, 『民族語文』 5.

宣德五·趙習·金淳培(1990), 『朝鮮語方言調査報告』, 延邊人民出版社.

傅日升(1993), 『長白朝鮮族』, 長白朝鮮族自治縣民族事務委員會.

李權洙(2002), 『長白朝鮮族歷史資料』, 長白朝鮮族歷史資料編寫委員會.

小倉進平(1927), 咸鏡南北道方言, 『朝鮮語』 2.

小倉進平(1930), 咸鏡南道及び黃海道の方言, 『京城帝大法文學部硏究調査冊子』 No.2.

小倉進平(1940), The Outline of the Korean Dialects, *Memoirs of the Research Department of the Toyo Bunko* 12, Toyo.

小倉進平(1944), 『朝鮮語方言の研究』, 東京 : 岩波書店.

田島泰秀(1918), 咸鏡方言の訛言, 『朝鮮敎育硏究會雜誌』 2月號.

河野六郎 (1945), 『朝鮮方言學試考』. 京城 : 東都書籍.

Chomsky, N. and M. Halle.(1968), *The Sound Pattern of English*, New York : Harper & Row.

Hopper, J.B.(1976), *An Introduction to Natural Generative Phonology*, New York : Academic Press.

Kenstowicz M. & C. Kisseberth.(1979), *Generative Phonology*, New York : Academic Press.

Ramsey,S.R.(1974), 咸鏡, 慶尙 兩方言의 액센트 硏究, 『國語學』 2, 國語學會.

Ramsey,S.R.(1978), *Accent and Morphology in Korean Dialects : A Descriptive and Historical Study*, 탑출판사.

Schane, S.A.(1973), *Generative Phonology*, Englewood Cliffs, N.J. : Prentice—Hall.

Skousen, R.(1975), *Substantive Evidence in Phonology*, Hague : Mouton

찾아보기

저ㅣ자ㅣ소ㅣ개

金 春 子(김춘자)

중국 연변 용정 출생
중국 연변대학교 조선언어문학학과 졸업
한국 명지대학교 대학원 국어국문학과 문학석사
한국 서울대학교 대학원 국어국문학과 문학박사
현재 중국 청도대학교 외국어대학 한국어학과 조교수

주요 논문 「中國 延邊 龍井地域 韓國語의 音韻現象에 대한 硏究」
　　　　 「함경남도 삼수지역어 어미의 기저형」

전자우편　chunja311@hanmail.net

함경남도 삼수지역어의 음운론

초판 인쇄 2008년 7월 1일
초판 발행 2008년 7월 11일

저 　자 金 春 子
펴낸이 이 대 현
편 　집 권분옥 · 정해란

펴낸곳 도서출판 역락
주소 서울 서초구 반포4동 577-25 문창빌딩 2층
전화 02-3409-2058, 2060
팩스 02-3409-2059
등록 1999년 4월 19일 제303-2002-000014호
이메일 youkrack@hanmail.net

값 11,000원
ISBN 978-89-5556-613-0 93710

* 파본은 교환해 드립니다.